Martina Kroth

Schokodon & Kichersaurus
... den Dinos auf der Spur

Kinder entdecken spielerisch die Welt der Dinosaurier

Illustrationen von Vanessa Paulzen

Ökotopia Verlag Münster

Impressum

Autorin: Martina Kroth

Illustrationen: Vanessa Paulzen

Satz: Studio Bandur, Idstein-Wörsdorf

ISBN: 3-931902-73-0

© 2001 Ökotopia Verlag, Münster

2 3 4 5 6 7 · 07 06 05

Inhaltsverzeichnis

Die Dinos sind zurück! 4

Geschichten von Knochen 6

Die Dinosaurier stellen sich vor 12

Die Erde zur Zeit der Dinosaurier 14
Besuch im Tropenhaus 18

Das Märchen vom trägen Riesen – Biologie der Saurier 34
Lea beim Tierarzt 37

Ordnung im Durcheinander – Die Vielfalt der Dinosaurier 48

Rekord-verdächtig! 54
Lea im Zoo 57

Eierdieb und Gute Mutter – Verhalten der Dinosaurier 69
Die Dinosaurier-Geschichte 73

Der Untergang der Dinosaurier 84
Lea und die Eidechse 87

Überreste aus der Welt der Saurier – Ausgrabungen 92
Simon und Lea im Museum 95

Wir feiern ein Dino-Fest 102
Leas Traum 103

Anhang
Projekte: Dinos für alle Gelegenheiten 114
Dinosaurierfunde in Deutschland 116
Museen und Ausgrabungsstätten 121
Web-sites 123
Literatur   Sachbücher für Kinder und Erwachsene 124
           Vorlesebücher 125
Wörterbuch 126
Saurier von A bis Z 129
Register   Basteleien und Dekorationen 138
           Spiele und Experimente 138
           Rezepte 139

Die Autorin 140

Die Dinos sind zurück!

Die Dinosaurier sind mitten unter uns. Sie bevölkern Kinderzimmer als bunt bemalte Plastikfiguren und lauern in den Bücherregalen. Sie hausen in Supermärkten in bunten Süßigkeitentüten und in dunklen Kinosälen. Es gibt sie auf Postern, als Spiele und Computerspiele, auf Bettwäsche, sogar als Waffeleisenform.

Warum üben Dinosaurier eine solche Faszination auf Kinder und Erwachsene gleichermaßen aus?

Sie waren groß.

Staunend und ehrfürchtig stehen Museumsbesucher vor den ausgestellten Skeletten oder den lebensgroßen Nachbildungen von Dinosauriern. Einige von ihnen überragten ein normales Wohnhaus. Bei ihren Schritten bebte die Erde, wie Steven Spielberg unvergesslich und atemberaubend in seinem Film „Jurassic Park" mit Hilfe einer Regenpfütze zeigte. Für uns eher mickrige Menschen stehen diese gewaltigen Urzeit-Riesen für Kraft und Macht.

Sie waren gefährlich.

Kein Tier unserer heutigen Welt verfügt über solch mörderische Waffen wie einige der großen Raubsaurier mit ihren Zähnen wie Steakmesser und Krallen wie Dolche. Keulen- und stachelbewehrte Schwänze, Knochenpanzer, spitze Hörner und Peitschenschwänze machen sogar friedliche Pflanzenfresser in unseren Augen zu gefährlichen Bestien.

Sie sind tot.

Wir sind sicher. Unter wohligen Schauern können wir uns ausmalen, wie es einst in der Welt der Dinosaurier zuging. Was wäre, wenn sie plötzlich mitten unter uns auftauchten? Gefahr besteht keine. Und trotzdem können wir uns eines kurzen Zögerns nicht erwehren. Was konnte solchen

Giganten zustoßen, die Jahrmillionen unbestritten über die Erde herrschten? Warum starben die Dinosaurier aus? Und könnte uns das Gleiche passieren?
In meiner Arbeit mit Kindern tauchten immer wieder diese Fragen auf:
Wer war der größte Dinosaurier?
Wer war der Stärkste und Gefährlichste?
Und warum sind die Saurier ausgestorben?
Die Antworten – soweit wir sie bei unserem heutigen Wissensstand geben können – stehen in diesem Buch.

Aber die Dinosaurier haben noch mehr zu bieten. So wie heute die Säugetiere viele ökologischen Nischen unseres Planeten besetzen, waren einst die Dinosaurier an die unterschiedlichsten Lebensräume und Lebensweisen angepasst. Der Löwe, König der Tiere, findet sein Gegenstück in den riesigen Raubsauriern, zu denen zum Beispiel *Tyrannosaurus rex* gehörte. Die Stelle des Fuchses im natürlichen Gefüge gehörte vielleicht dem kleinen Fleischfresser *Compsognathus*. Elefanten und Giraffen mögen in ihrer Lebensweise den gigantischen *Brachiosauriern* oder *Apatosauriern* ähneln und Büffel, Zebras und Gnus dem gehörnten *Triceratops* oder dem Herdentier *Muttaburrasaurus*.
Längst vergessen sind die Zeiten, als Dinosaurier als langsam und schwerfällig galten. Dinosaurier erreichten Laufgeschwindigkeiten wie der Vogel Strauß. Sie signalisierten mit bunten Farben ihre Paarungsbereitschaft; die Männchen kämpften bei einigen Arten mit erstaunlichen Methoden um die Weibchen. In Herden lebende Dinosaurier zogen auf ihren Wanderungen durch ganze Kontinente, um jährlich wieder zu ihren Nistplätzen zurückzukehren. Und sie kümmerten sich um ihre Jungen.

Allerdings sind die WissenschaftlerInnen, die sich der Erforschung dieser erstaunlichen Lebewesen verschrieben haben, oft auf Mutmaßungen, Gedankenmodelle und Vergleiche mit den heute lebenden Tieren angewiesen. Denn die Dinosaurier haben nur wenige Spuren hinterlassen. Sogar die Erde, auf der wir wandeln, ist im wahrsten Sinne des Wortes eine andere Erde als die der Saurier. Es grenzt an ein Wunder, dass wir überhaupt etwas über die Dinosaurier wissen. Deshalb wird in diesem Buch oft von „vielleicht", „wahrscheinlich" und „womöglich" die Rede sein.

Dies nimmt von unserer Faszination mit Dinosauriern nichts weg, sondern verstärkt sie eher noch. Der Fantasie sind keine Grenzen gesetzt. Und damit sich Kinder und Erwachsene gleichermaßen in die Welt der Dinosaurier versetzen können, sind im vorliegenden Buch lustige und spannende Spiele, kreative Bastelaktionen, kleine Experimente und Geschichten sowie eine Fülle von Sachinformationen über die Welt der Dinosaurier gesammelt.

Damit sie noch lange unter uns sind.

Geschichten von Knochen

Die ersten Dinosaurier-Funde in Europa und Amerika

Fossile Knochen und andere versteinerte Funde erzählen Geschichten – hauptsächlich über die Tiere (oder die frühen Menschen), von denen sie stammen. Doch durch die Art, wie die Menschen die Knochenfunde in ihr Weltbild einfügten, erfahren wir auch etwas darüber, wie die Menschen vergangener Epochen sich selber sahen.

Es sind spannende Geschichten.

Richard Owen prägte erst 1841 den Begriff „Dinosaurier", abgeleitet von den griechischen Worten „deinos" (schrecklich) und „sauros" (Echse). Die ersten Dinosaurier-Funde sind sehr viel älter. Bereits im sechzehnten Jahrhundert vor unserer Zeitrechnung waren Dinosaurier-Zähne in China als „Drachen-Zähne" bekannt und es existieren sogar schriftliche Aufzeichnungen über „Drachen-Knochen" aus China von vor über 1.700 Jahren. Heute wissen chinesische WissenschaftlerInnen, dass diese frühen Funde aus einem Gebiet stammen, das tatsächlich besonders reich an Dinosaurier-Fossilien ist.

Der erste belegte Fund in Europa stammt aus dem Jahr 1677. Zu dieser Zeit lebten die Menschen Europas von der Natur, von dem, was sie in den Wäldern jagen und auf den Feldern ernten konnten. Die Landwirtschaft prägte die Gesellschaft; Industrie gab es nicht. Dass die Erde rund und nicht der Mittelpunkt des Universums war, war noch nicht lange allgemein akzeptiert. Die Menschen suchten den Stein der Weisen und versuchten Blei in Gold zu verwandeln. Aber mit Hilfe der ersten Mikroskope hatten die Gelehrten entdeckt, dass Lebewesen aus Zellen bestanden, und wussten inzwischen, dass menschliches Leben nicht zufällig entstand, sondern aus dem Akt der Zeugung.

Die Menschen im Europa dieser Zeit lebten und glaubten die Worte der Bibel. Das Buch Genesis galt als wissenschaftliche Tatsache: James Ussher, ein Erzbischof der anglikanischen Kirche, berechnete, dass Gott die Erde im Jahr 4004 vor Christus geschaffen hatte. Der Engländer John Lightfoot meinte sogar Tag und Uhrzeit berechnen zu können: am 26. Oktober um neun Uhr morgens. Eine Evolution der Arten, wie sie Charles Darwin zweihundert Jahre später beschreiben sollte, vermutete niemand. Alle Tier- und Pflanzenarten bestanden, so glaubten die Menschen, seit Anbeginn der Zeit.

In seinem Buch über die Naturgeschichte Englands, das im Jahr 1677 erschien, beschrieb Robert Plot, damals Professor für Chemie an der Universität von Oxford, das untere Ende eines gigantischen Oberschenkelknochens. Dieses Knochenstück stammte aus einem Steinbruch bei Cornwell in Oxfordshire. Obwohl der Knochen versteinert war, schloss Plot aus seinen Untersuchungen, dass der Knochen von einem einstmals lebendigen Tier stammen musste. Allerdings musste dieses Tier größer gewesen sein als ein Pferd oder ein Ochse. Plot war der Meinung, dass der Knochen vielleicht von einem Elefanten stammen könnte, den die Römer während ihrer Eroberung mit nach England brachten. Doch er fand keine Aufzeichnungen darüber, dass die Römer wirklich Elefanten mitgebracht hatten.

Im Jahr 1676, noch vor der Veröffentlichung seines Buches, hatte Plot Gelegenheit, seine versteinerten Knochen mit einem tatsächlichen Elefantenknochen zu vergleichen. Es zeigte sich, dass die Knochen zu unterschiedlich waren. Für Plot, gefangen in seinem Weltbild, das das Aussterben von Tierarten ausschloss, gab es jetzt nur noch eine Erklärung: Sein versteinerter Knochen musste der Oberschenkelknochen eines riesigen Menschen sein. Aufgrund von Plots Zeichnungen des Knochens glauben ForscherInnen heute, dass es sich um den Oberschenkelknochen eines Megalosaurus handelte. Der Knochen selbst existiert leider nicht mehr.

Im 18. und 19. Jahrhundert häuften sich die Funde von Dinosaurier-Überresten, aber niemand erkannte sie als solche. Pliny Moody, ein amerikanischer Farmer, stieß 1802 beim Pflügen auf seinem Besitz in Massachusetts auf große dreizehige, vogelähnliche Fußspuren im Gestein. Lange nur als lokale Kuriosität bekannt, zogen die Fußspuren in den dreißiger bis sechziger Jahren des 19. Jahrhunderts das Interesse des Amherst-College-Professors Edward Hitchcock auf sich. Er kam zu dem Schluss, dass es sich um die Fußspuren eines gigantischen Vogels handeln musste. Manche hielten die Fußspuren sogar für die Abdrücke des Raben, den Noah nach der Sintflut ausschickte, um nach einem Flecken trockener Erde zu suchen.

Die Entdeckungen von Cuvier

Der französische Wissenschaftler Georges Cuvier (1773–1838) bereitete den Weg für die Erkenntnis, dass Fossilien Überreste einer ausgestorbenen Tiergruppe sein könnten. Er war Anatom, also ein Fachmann für Form und Körperbau aller Lebewesen, und galt bald schon als brillianter Denker. Cuvier glaubte, dass Gott alle Tiere nach nur wenigen verschiedenen Vorlagen geschaffen hatte und dass die Form der Knochen ihrer Funktion unterlag: Knochen von schwimmenden Tieren sollten einander ähneln, ebenso wie die Knochen von fliegenden oder laufenden Tieren. Cuvier studierte und sezierte große Mengen heute lebender Tiere und verglich deren Knochen untereinander. Im Verlauf seiner Arbeit begriff er, dass der Vergleich von normalen und versteinerten Knochen Hinweise gab auf die Lebensweise der Tiere, von denen die fossilen Knochen stammten. Er schuf so die Wissenschaft von der vergleichenden Anatomie.

Cuvier machte zwei Entdeckungen, die für die damalige Zeit revolutionär waren. Indem er Knochen und Fossilien aus aller Welt miteinander verglich, kam er zu der Überzeugung, dass einige Tiere im Verlauf der Erdgeschichte durch Naturkatastrophen, zum Beispiel auch die biblische Sintflut, ausgestorben waren. Er stieß damit bei der Kirche auf Widerstand. Nach religiöser Überzeugung hatte Gott alle Tiere zusammen mit der Erde erschaffen und würde keines davon verschwinden lassen. Doch mit der Zeit setzten sich Cuviers Erkenntnisse durch und weckten ein reges Interesse an Fossilien.

Cuvier verdankte seine zweite wichtige Entdeckung einigen fossilen Knochen, die die französische Armee als Kriegsbeute aus dem niederländischen Maastricht mitbrachte. Cuvier fand heraus, dass die Knochen von einer ausgestorbenen Echsenart stammen mussten – und sie war gigantisch! Der Kopf alleine war über einen Meter lang. (Später bekam die Echse den Namen „Mosasaurus" nach ihrem Fundort am Fluss Meuse. Sie lebte im Meer und war nicht mit den Dinosauriern verwandt.) Dieser Fund steigerte das Interesse der Menschen an Fossilien. Was für gigantische Kreaturen waren das, die früher auf der Erde gelebt hatten?

Es kam zu einem wahren Fossilien-Boom. Sogar unter der Stadt Paris spürten Sammler versteinerte Knochen auf; Fossilien waren plötzlich ein begehrtes Sammelobjekt. Die elfjährige Mary Anning fand am Strand von Lyme Regis in England den angespülten Schädel eines Ichthyosaurus und machte damit ihre Eltern reich.

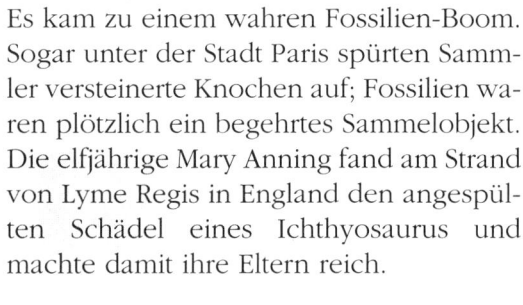

Die ersten wissenschaftlichen Untersuchungen

Ein leidenschaftlicher Fossiliensammler war auch der englische Landarzt Gideon Algernon Mantell. Mantell übte seinen Beruf im Süden Englands aus, in einer fossilienreichen Gegend, und dort machte er einen interessanten Fund: Es handelte sich um ungewöhnliche, zum Teil stark abgenutzte versteinerte Zähne.

Mantell versuchte herauszufinden von welchem Tier diese Zähne stammten und beriet sich mit allen führenden Fossilienkennern seiner Zeit. Er bekam die Auskunft, dass es sich um die Überreste eines Fisches oder eines erst vor kurzem ausgestorbenen Säugetieres handeln würde. Mantell war nicht dieser Ansicht und so schickte er im Juni 1824 einige Exemplare an Cuvier. Cuvier antwortete sofort; seiner Meinung nach stammten die Zähne von einem bislang unbekannten großen, Pflanzen fressenden Reptil.

Später in diesem Jahr hatte Mantell Gelegenheit, das Skelett eines Leguans zu betrachten. Diese karibische Eidechse ist ein Pflanzenfresser. Ihre Zähne waren zwar sehr viel kleiner, glichen jedoch den fossilen Funden von Mantell auf verblüffende Weise. Im Februar 1825 nannte Mantell seinen Fund in einer Veröffentlichung über Fossilien „Iguanodon", also „Leguanzahn", und spekulierte, dass das ganze Tier womöglich 18 Meter lang war.

1834 fanden Arbeiter in einem Steinbruch bei Maidstone in Kent weitere Überreste eines Iguanodon. Freunde von Mantell machten sie ihm zum Geschenk, nachdem sie sie für 25 englische Pfund gekauft hatten. Aus diesen Überresten rekonstruierte Mantell das Iguanodon als ein auf allen Vieren laufendes Tier mit echsenartig abgewinkelten Beinen und einem langen Schwanz. Den charakteristischen Daumensporn konnte er nicht einordnen und setzte ihn als Horn auf die Nase des Iguanodon.

Doch das Iguanodon war nicht der erste wissenschaftlich beschriebene Dinosaurier. Diese Ehre gebührt dem Megalosaurus und seinem Entdecker William Buckland. Buckland bekam die Gelegenheit, große versteinerte Knochen und Zähne aus einem Steinbruch bei Oxford zu untersuchen. Zusammen mit Cuvier kam er zu dem Schluss, dass es sich um die Überreste eines gigantischen Reptils handeln müsse. Im Jahre 1824 benannte Buckland seinen Fund in einer Veröffentlichung als „Megalosaurus", die „Riesenechse".

Nun war die Zeit reif, diese ausgestorbenen Tiere von den Reptilien abzutrennen und als eigenständige Tiergruppe zu behandeln. Richard Owen war als ausgezeichneter vergleichender Anatom bekannt. Er unternahm es, alle bisherigen englischen fossilen Funde zu sichten und zu klassifizieren, also in das natürliche System aller Tiere einzuordnen. Am Freitag, dem 30. Juli 1841, ordnete er während eines Vortrags Megalosaurus und Iguanodon einer neuen Tiergruppe, den Dinosauriern, zu.

Dinos zwischen Darwin und Lamarck

In den folgenden Jahren mehrten sich die Entdeckungen von Dinosaurier-Überresten, vor allem in den Vereinigten Staaten von Amerika. Innerhalb weniger Jahre machten ForscherInnen dort mehr Funde als in den voran gegangenen dreißig Jahren in Europa. Die Paläontologie entwickelte sich zu einem eigenen Forschungszweig. Vor allem zwei Wissenschaftler lieferten sich in der zweiten Hälfte des 19. Jahrhunderts einen regelrechten Kleinkrieg um Dinosaurier-Knochen: Edward Drinker Cope und Othniel Charles Marsh. Beide waren Professoren an amerikanischen Schulen und leidenschaftliche Dinosaurier-Forscher. Sie waren verfeindet, seitdem Cope die Knochen eines Meeressauriers falsch zusammengebaut und den Kopf des Tieres auf die Schwanzspitze gesetzt hatte. Marsh bemerkte den Fehler und machte sich in aller Öffentlichkeit über Cope lustig. Danach bekämpften sie sich bis aufs Messer: Jeder versuchte, noch vor dem Anderen an einem erfolgversprechenden Fundort nach Dinosaurier-Knochen zu graben, und zerstörte, was er nicht mitnehmen konnte, aus reiner Missgunst. Trotz dieses Übereifers: Die Wissenschaft profitierte von dem Zwist. Marsh entdeckte 26 neue Dinosaurier-Arten, darunter Allosaurus, Apatosaurus, Triceratops, Stegosaurus und Diplodocus, und Cope fand über 1.000 verschiedene Arten fossiler Wirbeltiere.

Cope und Marsh waren auch uneins, was die Entstehung neuer Tierarten betraf. Marsh hielt es mit Darwin und dessen Theorie der Evolution, bei der das Erbgut und die natürliche Umgebung zusammen über das Überleben eines Individuums entscheiden. Cope hingegen glaubte an

IGUANODON

MEGALOSAURUS

LEGUAN

die Theorie von Lamarck, nach der sich Lebewesen während der Lebenszeit eines einzigen Individuums weiterentwickeln können, indem sie ihre Organe nutzen oder nicht nutzen. (Eine Giraffe zum Beispiel könnte nach Lamarck während ihres Lebens ihren Hals verlängern, indem sie sich nach höheren Baumwipfeln streckt, und diesen langen Hals an ihre Kinder vererben.) Sowohl Cope als auch Marsh versuchten anhand der Dinosaurier-Funde die Theorien von Lamarck bzw. Darwin zu untermauern. Doch letztendlich setzte sich die Evolutions-Theorie von Charles Darwin durch.

Knochenfunde aus aller Welt

Zwischen 1907 und 1912 entdeckten ForscherInnen eine große Anzahl von Dinosaurier-Knochen im damaligen Deutsch Ost-Afrika, dem heutigen Tansania, darunter Knochen des riesigen Brachiosaurus. Sämtliche Fundstücke nach Deutschland zu schaffen war ein Kraftakt: Alle Knochen, insgesamt etwa 250 Tonnen inklusive Verpackungsmaterial, wurden von einheimischen Trägern auf dem Kopf oder an Stangen aufgehängt 65 Kilometer weit durch den afrikanischen Busch zum Hafen von Lindi getragen und dort nach Deutschland eingeschifft. Das Skelett des Brachiosaurus ist heute noch der ganze Stolz des Berliner Museums für Naturkunde und mit zwölf Metern Höhe und 22,5 Metern Länge das weltweit größte montierte Dinosaurier-Skelett überhaupt.

Inzwischen fanden ForscherInnen auf der ganzen Welt die Überreste von Dinosauriern. Dabei stammen ungefähr 40 Prozent der über 1.000 bekannten Arten aus den letzten 20 Jahren. Die USA sind mit etwa 110 gefundenen Dinosaurier-Gattungen weltweit führend. China liegt mit ca. 95 bekannten Gattungen auf dem zweiten Platz. Der Dinosaur Provincial Park in Alberta, Kanada, und die mongolische Wüste Gobi gelten als besonders ergiebige Fundorte. Bereits während einer Ausgrabungs-Expedition in den zwanziger Jahren des 20. Jahrhunderts entdeckten WissenschaftlerInnen in der Mongolei unter anderem Vertreter der gehörnten Saurier sowie Velociraptor und Oviraptor. Außerdem fanden sie zum ersten Mal Dinosaurier-Eier und Nester.

Dinosaurier-Funde begleiten uns also fast seit Anbeginn unserer Zivilisation. Die Menschen deuteten sie als Überreste von Drachen, glücksbringenden und weisen Tieren, oder als einen Ausdruck der Schöpfung Gottes. Sie sahen darin den Beweis, dass sie sich – nach Lamarck – durch persönliche Anstrengung verbessern konnten oder dass die Menschheit – nach Darwin – ihre Entstehung natürlichen Prozessen verdankt wie alle anderen Pflanzen und Tiere auch. Wer weiß, wie Dinosaurier in hundert Jahren in unser Weltbild passen werden?

Die Dinosaurier stellen sich vor

Heute kennen ForscherInnen über 1.000 verschiedene Dinosaurier und jedes Jahr kommen neue hinzu. Das folgende Spiel hilft den Kindern sich spielerisch die Namen der bekanntesten Dinosaurier einzuprägen.

Material: Kopien der nebenstehenden Abbildungen, Tonkarton, Kleber, Schere, eventuell Malstifte
Alter: ab 3 Jahren (mit Varianten)

Die Kopien (evtl. vergrößert) auf Tonkarton kleben und ausschneiden. Die Kinder können die Saurier vor dem eigentlichen Spielbeginn ausmalen, um sich mit dem Aussehen der Tiere vertraut zu machen.
Karten auf der Spielfläche auslegen; die Kinder sitzen im Kreis darum herum. Die Spielleitung sagt: „Ich sehe einen Saurier mit einem langen Schwanz (...einem langen Hals/auf zwei Beinen/auf vier Beinen/mit Hörnern/mit langen Krallen...)"
Die Kinder suchen alle Saurier mit diesem Merkmal aus den Karten heraus. Die Spielleitung betrachtet mit den Kindern die Bilder, hebt das gesuchte Merkmal noch einmal hervor und liest den Kindern die Namen auf den Karten vor.

Variante: Haben die Kinder die Namen der Saurier schon häufig bei der ersten Spielvariante gehört, fragt die Spielleitung direkt nach den Sauriern: „Ich suche den Tyrannosaurus (Stegosaurus/Triceratops...)." Das Kind, das die richtige Karte als Erstes findet, darf sie vor sich ablegen. Wer hat am Ende die meisten Karten vor sich liegen?

Variante ab 5 Jahren: Spielverlauf wie bei der vorangegangenen Variante, doch das Kind, das als Erstes die richtige Karte gefunden hat, darf die übrigen SpielerInnen nach dem nächsten Dinosaurier fragen.

MAGNOLIE

Die Erde zur Zeit der Dinosaurier

Die Dinosaurier lebten fast 150 Millionen Jahre lang auf der Erde. Menschen dagegen gibt es erst seit etwa zwei Millionen Jahren. Aber selbst in dieser kurzen Zeit erlebte die Menschheit die Erde als eine sich stetig verändernde Umwelt: Unsere Vorfahren durchlebten mehrere Eiszeiten, die sich mit wärmeren Perioden abwechselten, und gerade jetzt scheint sich das Klima auf der Erde (vor allem durch menschliches Einwirken) mit unabsehbaren Folgen zu erwärmen. Daher ist es nicht verwunderlich, dass sich auch die Lebensbedingungen auf der Erde im langen Zeitalter der Dinosaurier mehrmals änderten.

Die Bewegungen der Kontinente

Grundlegend für die Änderungen der Lebensbedingungen waren die Bewegungen der Kontinente (WissenschaftlerInnen nennen dieses Phänomen „Kontinentaldrift"). Auch heute noch bewegen sich die Kontinente ungefähr mit der gleichen Geschwindigkeit, mit der unsere Fingernägel wachsen. Europa, Afrika und die beiden amerikanischen Kontinente zum Beispiel driften jedes Jahr einige Zentimeter auseinander – der Atlantische Ozean wird immer breiter. Im Laufe von Jahrmillionen entstehen oder verschwinden durch die Kontinentaldrift Ozeane und Gebirge türmen sich auf, wenn Kontinentalplatten aufeinander prallen: Der Himalaja entstand, als Indien auf die asiatische Kontinentalplatte traf.

All dies hat Auswirkungen auf das Weltklima. Meeresströmungen bringen kaltes oder warmes Wasser an die Küstenränder der Kontinente und beeinflussen das Wetter dort. Wenn der Golfstrom des Atlantiks nicht die europäischen Küstengewässer aufheizen würde, wäre es bei uns sehr viel kälter. Dies könnte passieren, wenn in ferner Zukunft der Atlantik so breit wird, dass der Golfstrom seine Wärme verliert, bevor er bei uns ankommt – wenn er noch ankommt!

Auch Gebirge und die Größe der Kontinente beeinflussen das Wetter. Gebirge bilden oft eine Wetterbarriere, an der zum Beispiel Regenwolken nicht vorbei ziehen können. Trockengebiete können entstehen. Bei großen Kontinenten erreichen die Regenwolken oft nicht das Landesinnere, sondern regnen vorher ab. Zentralwüsten bilden sich. Wenn sich das Weltklima insgesamt erwärmt, steigt der Meeresspiegel, Binnenmeere entstehen und die Landmasse wird kleiner.

Trias: Der Riesen-Kontinent Pangäa

GeologInnen bezeichnen das Zeitalter der Dinosaurier als Erdmittelalter oder Mesozoikum und unterteilen es in Trias, Jura und Kreide. Die Trias dauerte 35 Millionen Jahre (von vor 248 Millionen bis vor 213 Millionen Jahren). Zu dieser Zeit formten alle Kontinente unserer Erde einen Riesen-Kontinent mit Namen Pangäa.

Pangäa erstreckte sich inmitten eines einzigen, die ganze Erde bedeckenden Ozeans von Pol zu Pol. Auf dieser gigantischen Landmasse herrschte ein sehr trockenes und heißes Klima, selbst an den Polen war es relativ warm. Große Wüstenflächen bedeckten das Landesinnere. Daher breiteten sich vor allem solche Pflanzen aus, die an Wärme und Trockenheit angepasst waren: Palm- und Baumfarne, Ginkgos und Nadelbäume wie Eiben und Pinien. Dicht am Boden wuchsen Farne, Bärlappgewächse und Schachtelhalme.

Viele unserer heutigen Pflanzen existierten damals noch nicht, wie zum Beispiel Gräser, die sich erst vor 60 Millionen Jahren entwickelten. Und die meisten der damaligen Pflanzen gibt es heute nicht mehr; von den Schachtelhalmen und den Ginkgo-Gewächsen zum Beispiel ist heute nur noch je eine einzige Gattung übrig geblieben.

In der Trias bildeten sich viele neue Tiergruppen: Frösche, Krokodile, Schildkröten, Seeigel und Austern und sogar schon die ersten Säugetiere. In den Meeren lebten Ichthyosaurier, Reptilien, die Delfinen ähnelten, und am Himmel tauchten die ersten Flugsaurier auf. Es gab jedoch eine Tiergruppe, die sich gegen Ende des Trias gegen alle anderen Gruppen durchsetzte: die Dinosaurier.

Da alle heutigen Kontinente im Riesen-Kontinent Pangäa vereinigt waren, finden ForscherInnen die Knochen dieser ersten Dinosaurier überall auf der Welt. Nirgendwo auf Pangäa gab es unüberwindbare Hindernisse und so konnten die Saurier auf dem ganzen Kontinent umherziehen.

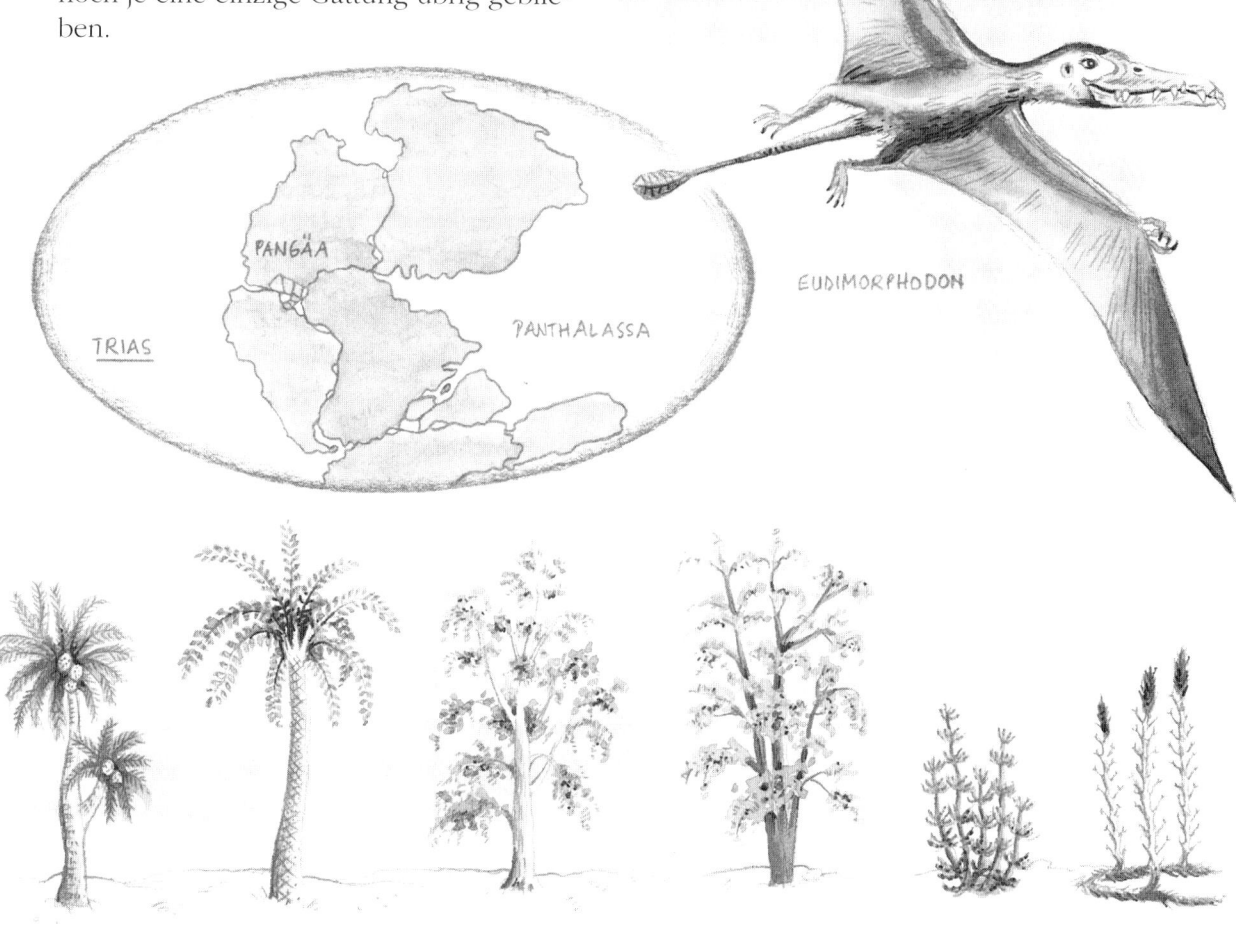

TRIAS — PANGÄA — PANTHALASSA — EUDIMORPHODON

PALMFARN "CYCADEE" — BAUMFARN — GINKO HUTTONI — GINKO BAIERA — SCHACHTELHALM — BÄRLAPP

Jura:
Pangäa bricht auseinander

Das änderte sich mit dem Jura. Der Jura dauerte von vor 213 Millionen Jahren bis vor 144 Millionen Jahren, also 69 Millionen Jahre lang. In dieser Zeit brach Pangäa auseinander. Zwei neue Kontinente entstanden: Südlich des Äquators lag Gondwana-Land, das sich aus den späteren Landmassen von Australien, Indien, Afrika, Südamerika und der Antarktis zusammensetzte. Auf der nördlichen Erdhälfte lag Laurasien, bestehend aus dem späteren Nordamerika und Eurasien. Das Meer überflutete weite Landstrecken. Der Atlantik begann sich zu öffnen, so dass Afrika und Südamerika sich voneinander lösten. Und gegen Ende des Juras hatte sich Indien von Gondwana-Land getrennt, ebenso wie Australien zusammen mit der Antarktis.

Auch das Klima änderte sich. Fast überall auf der Erde war es gleichförmig warm und trocken, später dann feucht. Statt der Wüsten des Trias überzogen ausgedehnte Wälder das Land. Dort tauchten – neben den Farnen, Baumfarnen, Schachtelhalmen, Bärlappen, Cycadeen und Ginkgos – die Vorfahren der heutigen Zypressen, Mammutbäume, Araukarien und Kiefern auf, Pilze schossen aus dem Boden.

In dieser gleichförmigen Umgebung konnten sich Tiere ungehindert ausbreiten. Überall entstanden neue Arten von Flug- und Meeressauriern, Krokodilen, Schildkröten und natürlich Dinosauriern. Die ersten Vögel tauchten auf. Und die Insekten entwickelten sich weiter: Die Vorfahren unserer heutigen Bienen, Ameisen, Ohrwürmer, Fliegen und Wespen stammen aus dem Jura.

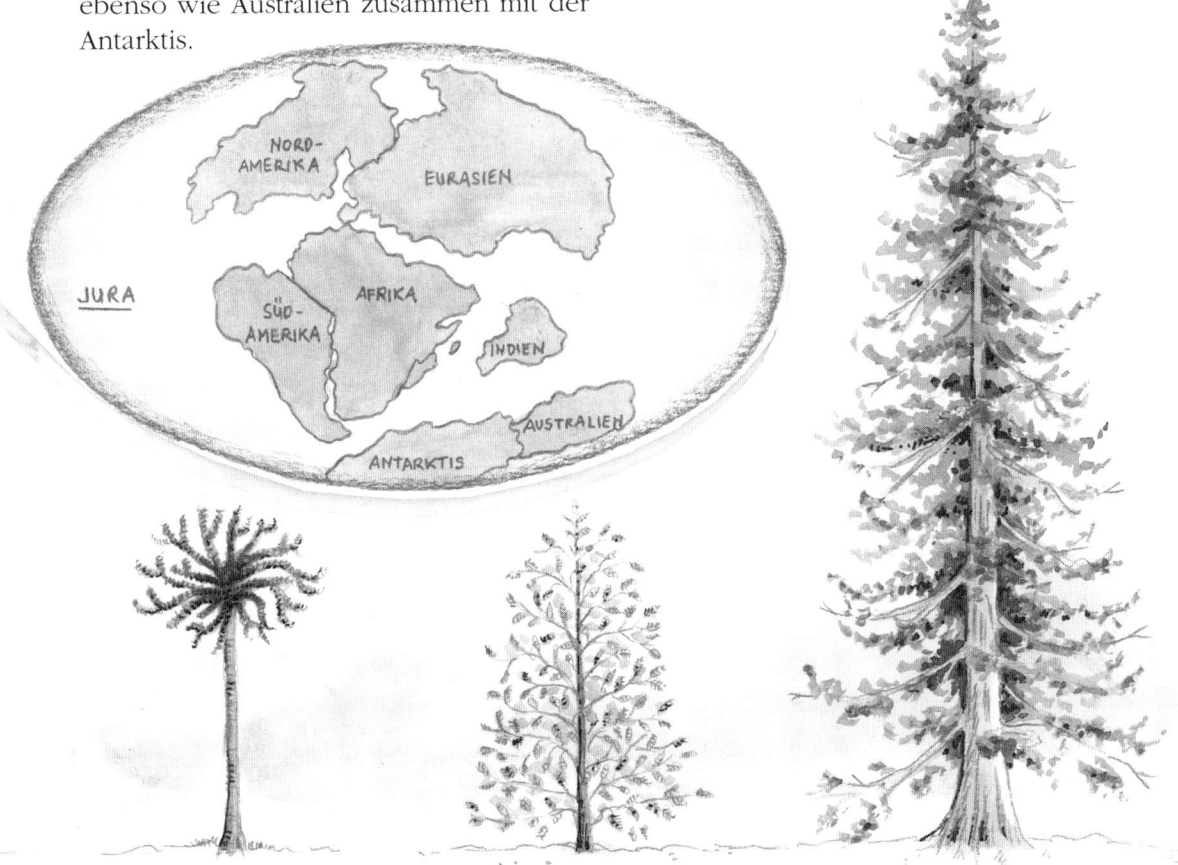

PROARAUCARIA   ARAUKARIA   MAMMUTBAUM

Kreide: Die Zeit der ausgedehnten Meere

Das Zeitalter der Dinosaurier schließt mit dem Ende der Kreidezeit vor etwa 65 Millionen Jahren. In der Kreidezeit lag der Meeresspiegel sehr hoch: Das Meer bedeckte 82 Prozent der Erdoberfläche – heute sind es nur 72 Prozent. Ausgedehnte Flachmeere entstanden im heutigen Nordamerika und zwischen Europa und Asien. Der Atlantik hatte sich auf seiner ganzen Länge geöffnet, Laurasien war in Nordamerika und Eurasien und Gondwana-Land in Südamerika und Afrika zerfallen. Indien, Australien und die Antarktis trieben als riesige Inseln im Ozean der Südhalbkugel.

Das Klima auf der Erde war zunächst noch warm und feucht, kühlte dann aber immer mehr ab. Die ersten Schlangen traten auf, ebenso wie Schmetterlinge und Nachtfalter. In den Meeren lebten Garnelen, Krabben und Hummer. Außerdem entwickelten sich zwei neue Gruppen von Meeressauriern, die Plesiosaurier und die Mosasaurier.

Die wichtigste Entwicklung in der Kreidezeit aber war das Auftreten der ersten Blütenpflanzen. Bislang hatten sich die Pflanzen der vergangenen Erdzeitalter durch Pollen und Samen vermehrt, die vom Wind verstreut wurden oder einfach zu Boden fielen. Die sich entwickelnden Blütenpflanzen aber fanden eine viel sicherere Art der Vermehrung: eine Symbiose mit den Insekten. Die Insekten transportierten die Pollen von einer Pflanze zur nächsten, angelockt durch farbige Blütenblätter und intensiven Duft und belohnt mit Nektar und Pollenvorräten. Die Zahl der Blütenpflanzen und Insekten explodierte förmlich. Seerosen und Magnolien, Palmen, Eichen, Ahorn und Walnussbäume traten zum ersten Mal auf. Heute gibt es über 250.000 verschiedene Arten Blütenpflanzen, aber nur rund 50.000 Arten aller anderen Grünpflanzen. Es gab keine Dinosaurier-Art, die während des ganzen Erdmittelalters existierte. Vielmehr starben ständig Dinosaurier-Arten aus, weil sie an die wechselnden Verhältnisse ihrer Umwelt nicht mehr angepasst waren. Neue Arten entwickelten sich. Doch irgendetwas verhinderte vor 65 Millionen Jahren die weitere Ausbreitung der Saurier: Gegen Ende der Kreidezeit waren die Dinosaurier, die Flug- und Meeressaurier und viele andere Tier- und Pflanzenarten für immer von der Erde verschwunden.

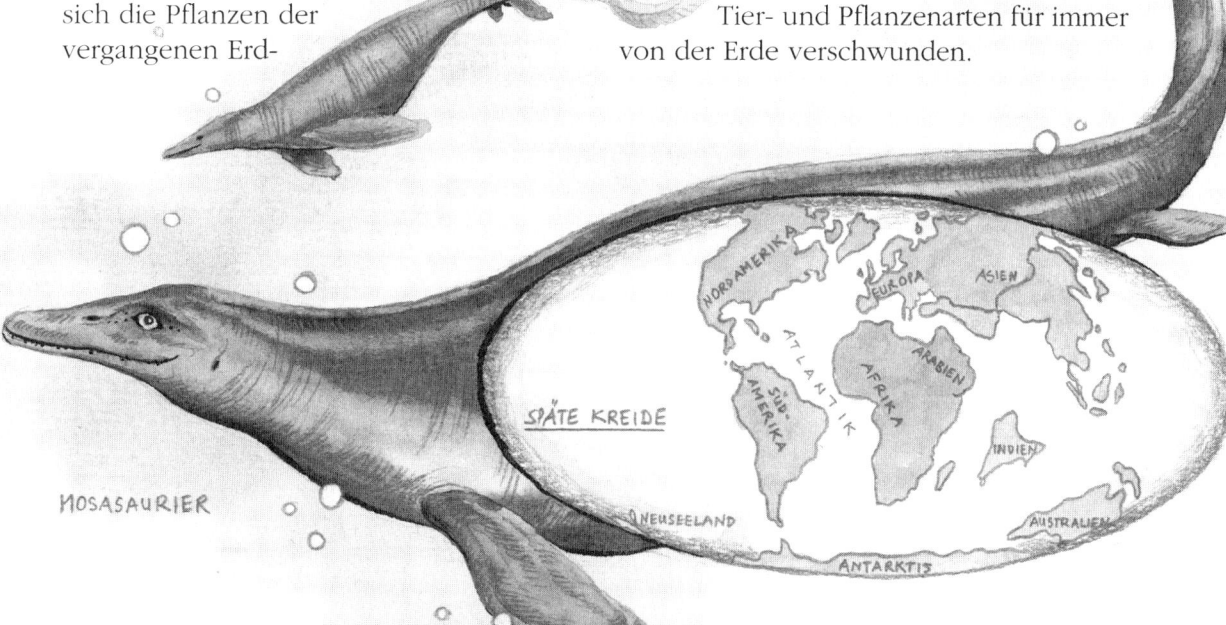

MOSASAURIER

SPÄTE KREIDE

Besuch im Tropenhaus

"Kommt, Kinder, wir gehen ein bisschen raus", sagt Leas Mutter. Es ist Sonntagnachmittag und da machen Lea, ihre Eltern und ihr Bruder Simon immer einen Spaziergang. "Och Mama, muss ich?", jammert Lea. Sie hat überhaupt keine Lust. "Komm schon, Lea, wir machen etwas Schönes", lächelt Leas Mutter. "Wir gehen in den Botanischen Garten. Den mögt ihr doch so gern." – "Gehen wir auch ins Tropenhaus?", fragt Lea begeistert. "Aber natürlich. So, und jetzt zieht euch an, damit wir losgehen können", sagt Leas Mutter und schiebt die Kinder in Richtung Diele.

Das Tropenhaus mögen Lea und Simon besonders gern. Das Glashaus ist so groß, dass sogar ganz hohe Palmen und andere seltsame Bäume darin Platz haben. Die haben überhaupt keine Ähnlichkeit mit den Bäumen und Büschen, die auf dem Spielplatz neben Leas Schule wachsen. In der Mitte des Tropenhauses ist ein kleiner See, in den das Wasser über einen Wasserfall aus Felsbrocken stürzt, und im See liegen große Steine, auf denen die Kinder von einem Ufer zum anderen springen können. Viele kleine Pfade führen durch das ganze Tropenhaus. Da spielen Lea und Simon immer Verstecken und Nachlaufen.

Als Lea und Simon mit ihren Eltern beim Tropenhaus ankommen, warten vor der Tür viele andere Kinder mit ihren Eltern oder Großeltern. "Nanu, hier muss irgendetwas los sein", sagt Leas Vater. "Schaut, da ist ein Plakat an der Tür. Lasst uns mal nachschauen, was draufsteht." Auf dem Plakat sieht Lea einen Dschungel, genau wie im Tropenhaus. Und seltsame Tiere, die Lea noch nie gesehen hat, laufen zwischen den Bäumen umher. "Dino-Nachmittag" steht in großen bunten Buchstaben ganz oben auf dem Plakat, und unten auf dem Bild steht noch mehr, aber das kann Lea so schnell nicht lesen. Sie ist ja erst in der ersten Klasse. "Was steht da, Papa?", jammert Simon, der noch in den Kindergarten geht und nur seinen Namen schreiben kann. "Da steht, dass heute Nachmittag im Tropenhaus Dinosaurier-Spiele gemacht werden. Es fängt gleich an. Ich glaube, ihr könntet noch mitmachen. Habt ihr Lust?" – "Au ja!", rufen Lea und Simon begeistert.

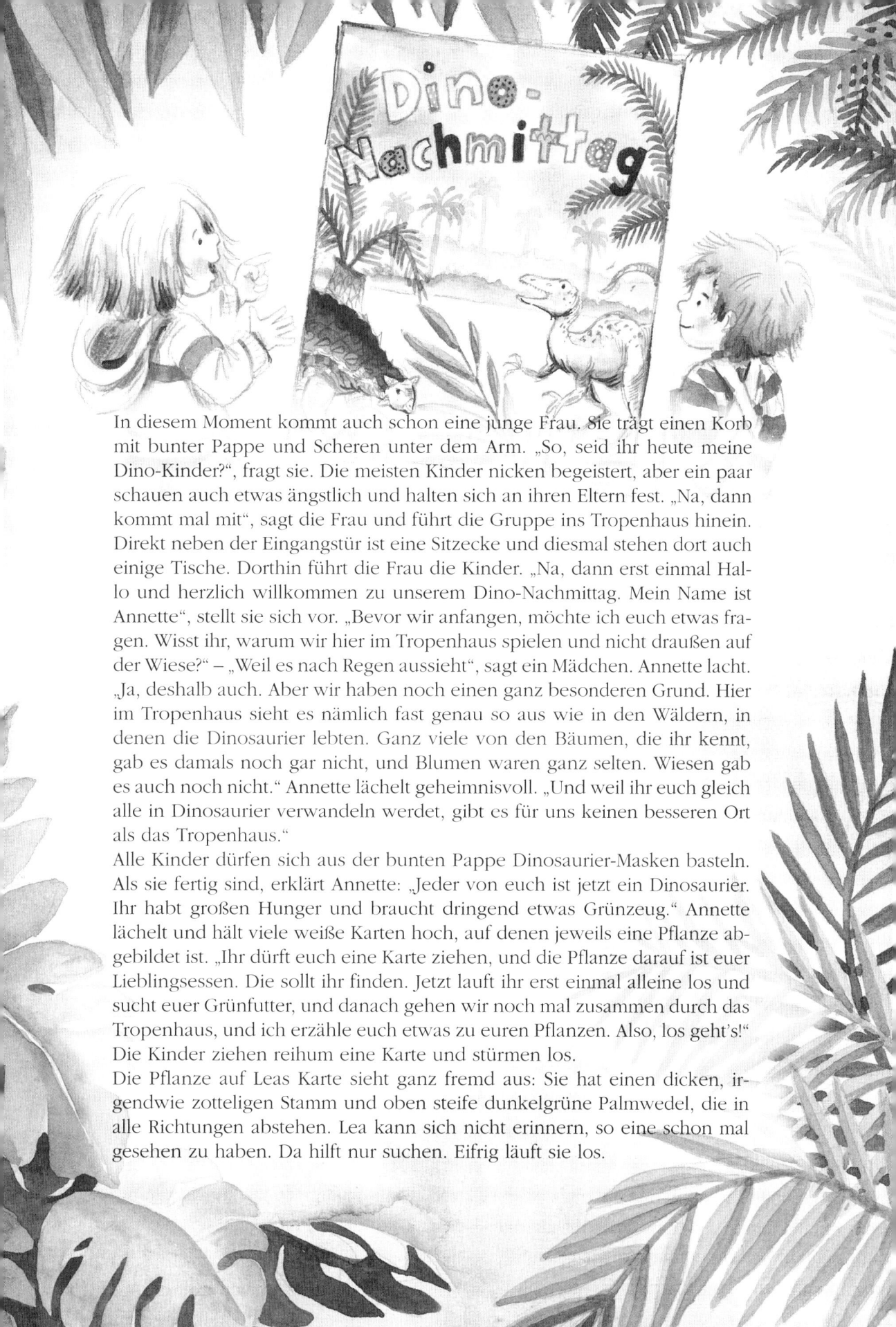

In diesem Moment kommt auch schon eine junge Frau. Sie trägt einen Korb mit bunter Pappe und Scheren unter dem Arm. „So, seid ihr heute meine Dino-Kinder?", fragt sie. Die meisten Kinder nicken begeistert, aber ein paar schauen auch etwas ängstlich und halten sich an ihren Eltern fest. „Na, dann kommt mal mit", sagt die Frau und führt die Gruppe ins Tropenhaus hinein. Direkt neben der Eingangstür ist eine Sitzecke und diesmal stehen dort auch einige Tische. Dorthin führt die Frau die Kinder. „Na, dann erst einmal Hallo und herzlich willkommen zu unserem Dino-Nachmittag. Mein Name ist Annette", stellt sie sich vor. „Bevor wir anfangen, möchte ich euch etwas fragen. Wisst ihr, warum wir hier im Tropenhaus spielen und nicht draußen auf der Wiese?" – „Weil es nach Regen aussieht", sagt ein Mädchen. Annette lacht. „Ja, deshalb auch. Aber wir haben noch einen ganz besonderen Grund. Hier im Tropenhaus sieht es nämlich fast genau so aus wie in den Wäldern, in denen die Dinosaurier lebten. Ganz viele von den Bäumen, die ihr kennt, gab es damals noch gar nicht, und Blumen waren ganz selten. Wiesen gab es auch noch nicht." Annette lächelt geheimnisvoll. „Und weil ihr euch gleich alle in Dinosaurier verwandeln werdet, gibt es für uns keinen besseren Ort als das Tropenhaus."

Alle Kinder dürfen sich aus der bunten Pappe Dinosaurier-Masken basteln. Als sie fertig sind, erklärt Annette: „Jeder von euch ist jetzt ein Dinosaurier. Ihr habt großen Hunger und braucht dringend etwas Grünzeug." Annette lächelt und hält viele weiße Karten hoch, auf denen jeweils eine Pflanze abgebildet ist. „Ihr dürft euch eine Karte ziehen, und die Pflanze darauf ist euer Lieblingsessen. Die sollt ihr finden. Jetzt lauft ihr erst einmal alleine los und sucht euer Grünfutter, und danach gehen wir noch mal zusammen durch das Tropenhaus, und ich erzähle euch etwas zu euren Pflanzen. Also, los geht's!"
Die Kinder ziehen reihum eine Karte und stürmen los.
Die Pflanze auf Leas Karte sieht ganz fremd aus: Sie hat einen dicken, irgendwie zotteligen Stamm und oben steife dunkelgrüne Palmwedel, die in alle Richtungen abstehen. Lea kann sich nicht erinnern, so eine schon mal gesehen zu haben. Da hilft nur suchen. Eifrig läuft sie los.

„Dass Pflanzen so unterschiedlich aussehen können", denkt Lea. Manche Farne, die dicht am Boden wachsen, haben winzige hellgrüne Blätter, die ganz weich aussehen. Eine andere Pflanze dagegen hat harte dunkelgrüne Blätter, die wie Lanzen in alle Richtungen aus der Erde ragen. Die Blätter sind so spitz, dass man sich daran stechen kann. Lea sieht sich jede Pflanze genau an, aber die von ihrer Karte ist nicht dabei.

Lea kommt an den kleinen See und springt über die Steine. Einer der Steine ist locker und wackelt ein bisschen; da muss Lea gut aufpassen. Hinter dem See führt ein Pfad in den hinteren Teil des Tropenhauses. Dort ist es immer etwas dunkler, weil in diesem Bereich viele hohe, dicht belaubte Bäume stehen. Es ist still; von den anderen Kindern ist nichts zu hören. Lea geht noch einige Schritte und bleibt zögernd stehen. Sie schaut nach oben. Vielleicht ist ja die Pflanze, die sie sucht, ein riesiger Baum?

„Buh!", macht es da plötzlich hinter ihr. Lea erschrickt und fährt herum. Da steht Simon und strahlt über das ganze Gesicht, weil es ihm gelungen ist, sich an Lea anzuschleichen. „Simon!", sagt Lea wütend, aber dann lacht sie plötzlich. „Simon, du hast meine Pflanze gefunden!" Tatsächlich, Simon hat sich hinter genau so einer Pflanze versteckt, wie auf Leas Karte abgebildet ist: ein dicker, irgendwie zotteliger Stamm, etwa so groß wie Lea, und oben steife dunkelgrüne Palmwedel, die in alle Richtungen abstehen. Und da kommt auch Annette mit den anderen Kindern um eine Wegbiegung. „Ah, ihr habt die Cycadee gefunden", sagt sie. „Ihr könnt auch Palmfarn dazu sagen. Das ist wirklich eine ganz besondere Pflanze. Genau solche Palmfarne gab es auf der Erde, als die Dinosaurier lebten." – „Haben die Dinosaurier Palmfarne gefressen?", fragt Lea. „Bestimmt", antwortet Annette. Da ist Lea auf ihre Pflanze ganz stolz.

Aufgabe: *Zeichne Leas Cycadee!*

Fehlerbild

Kinder haben oft eine ganz genaue Meinung darüber, wie es zur Zeit der Dinosaurier auf der Erde aussah. Dieses Bild gewinnen sie aus Geschichten, Büchern, Filmen und natürlich aus den Erzählungen anderer Kinder. Leider kommt es in Kinderbüchern und Filmen immer wieder zu falschen Darstellungen: Dinosaurier tummeln sich mit Höhlenmenschen oder kämpfen mit Säbelzahntigern. Aber das Fehlerbild räumt damit ganz schnell auf!

Material: ein großes Stück stabile Pappe, transparente Plastikfolie und Klebeband (oder selbstklebende Buchbinderfolie), Wasserfarben oder Wachsmalstifte, 10-20 aus Büchern kopierte Bilder von Dinosauriern sowie von anderen Tieren und Pflanzen aller Art
Alter: ab 5 Jahren (Variante ab 3 Jahren)

Auf die Pappe mit Wasserfarben oder Wachsmalstiften eine Landschaft des Erdmittelalters malen, zum Beispiel mit Bergen und Höhlen, einem See oder dem Meer, einem Wald und einer Lichtung. Ein Vulkan gehört natürlich auch dazu!
Das fertige Bild mit der transparenten Plastikfolie oder der Buchbinderfolie abkleben.
Die kopierten Bilder von Dinos, Tieren und Pflanzen ausschneiden und mit einem Streifen um den Finger gerollten Klebebands auf geeignete Stellen der Urzeit-Landschaft aufkleben. (Wer das Fehlerbild häufiger einsetzen möchte, kann auch die kopierten Bilder in Buchbinderfolie einkleben; sie halten so länger.) Neben Bildern von Dinosauriern und anderen Tieren und Pflanzen des Erdmittelalters sollten Bilder von Lebewesen dabei sein, die es damals noch nicht gab.

Die Spielleitung zeigt den Kindern das Fehlerbild mit den aufgeklebten Motiven. Gemeinsam überlegen die Kinder, welches Tier oder welche Pflanze entfernt werden muss, damit aus dem Fehlerbild eine echte erdmittelalterliche Landschaft wird. Die Spielleitung gibt Hilfestellungen und erklärt, warum ein Tier oder eine Pflanze in die Urzeit-Landschaft nicht oder doch passt.

Variante ab 3 Jahren: Die Spielleitung baut auch Bilder von Alltagsgegenständen ein, zum Beispiel ein Auto, Flugzeug, Telefon oder Gartenzaun.

Die folgende Liste gibt ein paar Anregungen, welche Tiere und Pflanzen in welche Zeit gehören:

In die Zeit der Dinosaurier passen
- fast *alle Wasserlebewesen*, da das Leben auf der Erde im Meer begann, also zum Beispiel Fische, Quallen und Seeigel.
- Auch die meisten *Insekten* (wie Ameisen, Fliegen, Wespen und Libellen), *Spinnen, Schnecken und Amphibien* (Frösche und Lurche) gab es damals schon, da sie sich noch vor den Echsen und Dinosauriern entwickelten.
- Zu den Echsen des Erdmittelalters gehörten bereits *Krokodile, Schildkröten, Schlangen und Eidechsen*, außerdem die *Meeres- und Flugsaurier*.
- Gegen Ende des Erdmittelalters traten die ersten *Vögel* und *Blumen* auf.
- Und es gab auch schon Säugetiere; ein Bild von einer Maus oder einer Ratte käme den ersten Säugern recht nahe.
- *Nadelbäume* und *Farne* gab es schon lange.
- Und: *Dinosaurier aller Art* nicht vergessen!

In die Dinosaurier-Landschaft passen nicht

- *Höhlenmenschen* und
- alle *von Menschen angefertigten Gegenstände*, da es Menschen erst seit etwa 1–2 Millionen Jahren gibt.
- Wiesen mit *Gras* entwickelten sich erst nach dem Aussterben der Dinosaurier.
- Auch fast *alle der heute lebenden Säugetiere* wie Pferde, Kaninchen, Wale und Kühe sowie Mammuts und Säbelzahntiger gab es damals noch nicht.

Die Dinos waren da

Bei diesem Spiel handelt es sich um eine Variante des alten Kinderspiels „Alle Vögel fliegen hoch". Es dient zur Vertiefung des Fehlerbildes. Die Kinder merken sich dabei sehr genau, was in das Saurier-Zeitalter gehört und was nicht.

Material: keins
Alter: ab 4 Jahren

Die Kinder sitzen um einen Tisch herum und klopfen pausenlos mit den Fingern auf die Tischplatte. Die Spielleitung klopft mit und gibt Sätze vor wie „Die Meeressaurier waren da" oder „Die Häuser waren da". Gab es den genannten Begriff nicht zur Zeit der Dinosaurier, klopfen alle weiter; gab es den Begriff doch, gehen alle Hände hoch in die Luft.

Zeit-Kette

Das Begreifen von geologischen Zeiträumen ist sehr schwierig. Niemand kann sich wirklich eine Million Jahre vorstellen, geschweige denn 65 oder gar 200 Millionen Jahre. Trotzdem wollen wir uns wenigstens eine ungefähre Vorstellung von diesen gigantischen Zeiträumen machen.

Material: Nagelfeile
Alter: ab 5 Jahren

Die Kinder geben sich die Hand und stellen sich in einer langen Reihe nebeneinander auf. Wenn die Kinder dabei etwas auseinander rücken, nimmt jedes Kind etwa einen Meter Platz ein. Bei 20 Kindern wäre die Kette also ca. 20 Meter lang. An der äußersten Fingerspitze des ersten Kindes ist „heute", also die Zeit, in der wir leben. An der äußersten Fingerspitze des letzten Kindes ist die Zeit vor 65 Millionen Jahren, als die Dinosaurier ausstarben. Die 20 Meter entsprechen also genau diesen 65 Millionen Jahren. Ungefähr beim Kopf des ersten Kindes (60 Zentimeter vom Anfang entfernt) leben zum ersten Mal Menschen auf der Welt, und wenn die Spielleitung den äußersten Fingernagel des ersten Kindes um 0,6 Millimeter abfeilt, hat sie gleichzeitig die zweitausend Jahre unserer Zeitrechnung verschwinden lassen. 0,03 Millimeter (das ist weniger als ein einziger Strich mit der Nagelfeile) entspricht dem Leben des Kindes, seiner Eltern und Großeltern. (Bei 25 oder 30 Kindern kann die Spielleitung die Längen-Angaben neu berechnen, aber der Unterschied ist so gering, dass die Spielleitung getrost die vorgegebenen Werte nehmen kann.)

Zeit-Schnur

Die Spielleitung kann die Zeit zwischen dem Heute und dem Aussterben der Dinosaurier auch von den Kindern erlaufen lassen.

Material: 65 Meter Schnur, eine feste Papprolle mit möglichst großem Durchmesser, Bilder oder kleine Spielfiguren von einigen der unten genannten Tiere, eventuell Locher
Alter: ab 5 Jahren

Die Schnur auf die Papprolle aufwickeln. Die Länge der Schnur von 65 Metern entspricht den 65 Millionen Jahren, die seit dem Aussterben der Dinosaurier vergangen sind. Beim Aufwickeln die einmal gelochten Bilder oder die Figuren von einigen der folgenden Tiere an der entsprechenden Stelle der Schnur einknoten und mitaufwickeln:

- *Dinosaurier* starben vor 65 Millionen Jahren, also bei 65 Meter Schnur aus. (Da sie zuletzt kommen, müssen sie als Erste aufgewickelt werden!)
- *Fledermäuse* traten vor 50 Millionen Jahren bzw. bei 50 Metern Schnur zum ersten Mal auf.
- Die ersten *Wale* gab es vor 45 Millionen Jahren.
- *Pinguine* entwickelten sich vor 40 Millionen Jahren.
- Die ersten *Kaninchen* lebten vor 37 Millionen Jahren.
- Die ersten *Bären, Eichhörnchen und Biber* gab es vor 30 Millionen Jahren.
- *Seelöwen* existieren seit 10 Millionen Jahren.
- Die ersten *Meerschweinchen* gab es vor 8 Millionen Jahren.
- *Delfine* entwickelten sich vor 6 Millionen Jahren.
- *Ratten* gibt es seit 5 Millionen Jahren.
- Die ersten *Pferde* tauchten vor 3 Millionen Jahren auf.
- Die *ersten Menschen* lebten vor 2 Millionen Jahren, ebenso wie die *Säbelzahntiger*.
- *Mammuts* lebten vor 1 Million Jahren.
- Die Kinder leben jetzt, also am Anfang der aufgewickelten Schnur; daher kann die Spielleitung ein Kinderpüppchen oder das Selbstportät eines Kindes in den Anfang der Schnur einknoten.

Die Spielleitung erklärt, warum das Kinderbild an die Schnur geknotet ist. Ein Erwachsener bleibt stehen und hält die Schnur fest, während die Kinder mit der Spielleitung die Schnur abwickeln, also in die Vergangenheit laufen. Bei jedem Bild oder bei jeder Figur, die abgewickelt wird, erklärt die Spielleitung, wie lange es dieses Tier schon auf der Erde gibt. (Als Hilfestellung die vergangenen Jahrmillionen auf den Bildern notieren!) Am Ende der Schnur haben die Kinder den Zeitpunkt vor 65 Millionen Jahren erreicht, an dem die Dinosaurier ausstarben. Jetzt käme die Zeit, in der die Dinosaurier auf der Erde herrschten, und dafür bräuchten die Kinder noch einmal eine doppelt so lange Schnur!

Pangäa-Puzzle

Erst 1912 stellte ein Wissenschaftler, der Deutsche Alfred Wegener, die Theorie der Kontinentaldrift auf. Ihm war aufgefallen, dass sich die Gesteinsformationen und Fossilienfunde aus Südamerika und Afrika stark ähnelten. Alfred Wegener fand dafür keine andere Erklärung, als dass die beiden Kontinente früher einmal vereint waren. Eigentlich verwundert es, dass vor ihm niemand auf die Theorie der Kontinentaldrift kam. Denn die Küsten von Nord- und Südamerika auf der westlichen Seite des Atlantiks und von Afrika auf der östlichen Seite des Atlantiks passen genau aneinander.

Material: Kontinent- und Pangäa-Vorlagen aus den Abbildungen auf S. 24 (zum Vergrößern) und auf S. 15, Malstifte, evtl. ein großes Blatt Papier oder Stück Pappe sowie Klebstoff

Alter: ab 6 Jahren (mit Variante)

Die Kontinente von der Vorlage kopieren (und dabei nach Belieben im gleichen Maßstab vergrößern) oder abpausen und ausschneiden. Bei einer geringen Anzahl von Kindern kann jedes Kind einen eigenen Satz Kontinente bearbeiten, bei einer großen Anzahl Kinder sollten sich die SpielerInnen in Kleingruppen zusammentun.

Die Spielleitung nennt die Namen der Kontinente. Gemeinsam überlegen die Kinder, welche Tiere, Pflanzen und Menschen auf den jeweiligen Kontinenten leben, und malen diese auf ihre Kontinent-Vorlagen auf.

Die Spielleitung erklärt, dass früher alle Kontinente zusammenhingen und einen Riesen-Kontinent bildeten. Sie fordert die Kinder auf, die Kontinente wie ein Puzzle in ihnen passend erscheinender Form auf dem großen Blatt Papier oder der Pappe zusammenzusetzen und eventuell darauf festzukleben.

Anschließend vergleichen die Kinder ihr Pangäa mit der Original-Vorlage aus dem Buch. Haben alle Kinder erkannt, dass die Küsten von Süd- und Nordamerika und von Afrika ineinander passen?

Variante: Statt die Kontinent-Vorlagen zu bemalen, können die Kinder auch Bilder von Menschen, Tieren und Pflanzen aus geeigneten Zeitschriften (alte Tier- und Naturmagazine, Reisekataloge) ausreißen oder ausschneiden und auf den entsprechenden Kontinent aufkleben.

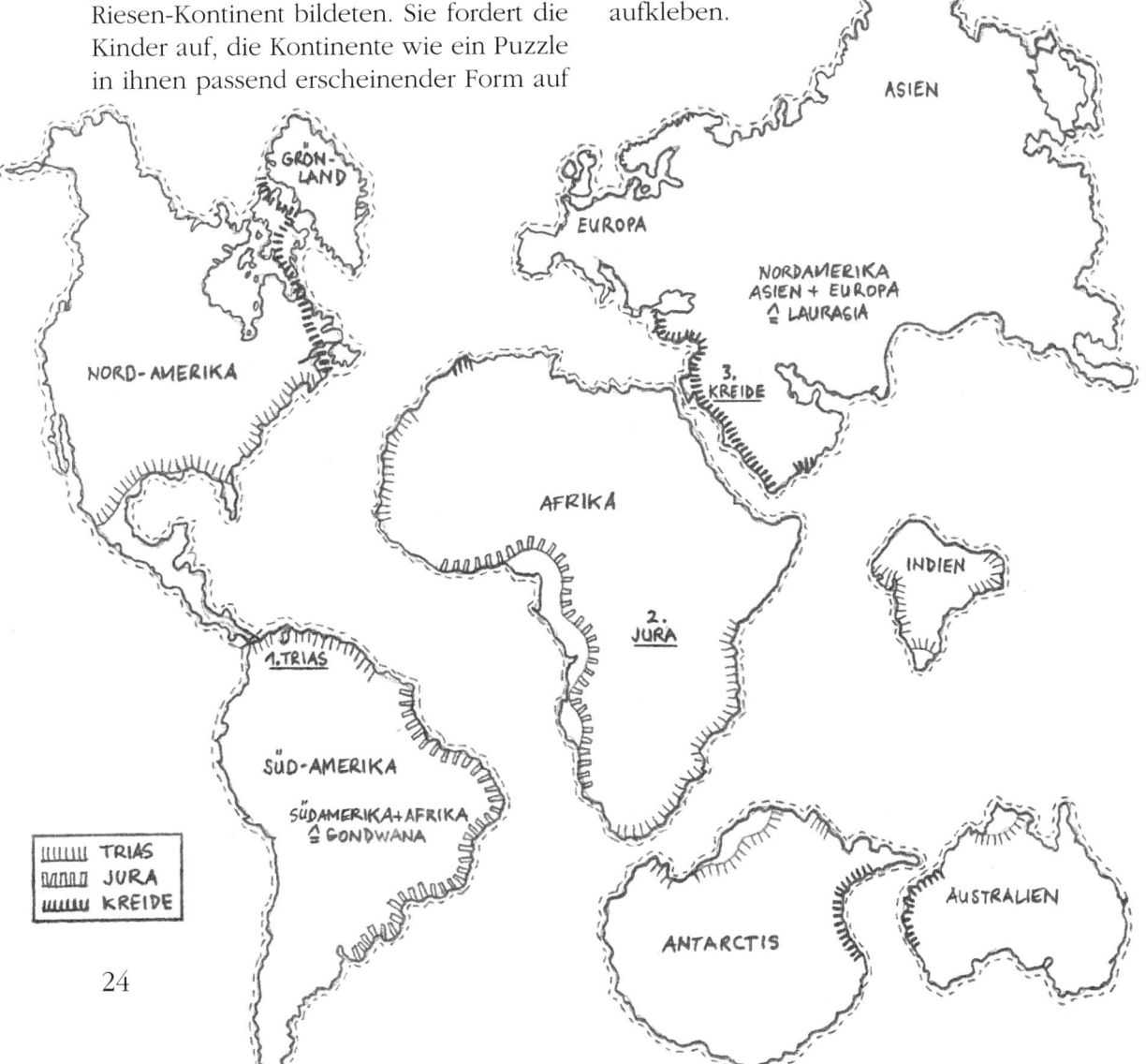

Dino-Landschaft

Die Größe der Dinosaurier-Landschaft sollte sich nach der Größe der Spielfiguren richten. Beim Bemalen und Bekleben mit Naturmaterialien ist darauf zu achten, dass die Kinder kein Gras benutzen und keine Wiesen gestalten, da Gras sich nach dem Erdmittelalter vor ca. 60 Millionen Jahren entwickelte und erst vor etwa 30 Millionen Jahren häufig vorkam.

Material: für jedes Kind ein großes stabiles Stück Pappe (mindestens Din A3), Wasser- oder Plakafarben, Pinsel, alte Zeitungen, leere Klopapierrollen, Kleister, Naturmaterialien wie Sand, Kies, Moos, Zweige, Farnblätter, Tannen- oder Kiefernnadeln und -zapfen, flüssigen Klebstoff, rote Papierservietten, Dinosaurier-Figuren zum Bespielen
Alter: ab 5 Jahren (ab 3 Jahren mit Hilfe)

Mit Zeitungspapier und Kleister Berge und Höhlen, Bodenwellen und Bodensenken auf der Pappe modellieren. (Fest zusammengeknüllt oder gerollt und in Form gebogen lassen sich aus dem Zeitungspapier ohne weitere Hilfsmittel alle Landschaftsmerkmale formen.) Dabei je nach Wunsch Platz lassen für Flussläufe oder Seen. Für einen Vulkan die leere Klopapierrolle senkrecht auf die Pappe kleben. Streifen aus Zeitungspapier am oberen Rand der Rolle und etwas von der Rolle entfernt auf der Pappe festkleben, um die Hänge zu formen. Trocknen lassen. Mit Wasser- oder Plakafarben bemalen oder mit Kleister Sand aufkleben. Für einen Vulkan-Ausbruch am Rand und an den Hängen des Vulkans rote Lava aufmalen und eine Lage der roten Papierserviette zerzupfen und in die Öffnung des Vulkans stecken. Mit festgeklebten Naturmaterialien ausschmücken.

Die Kinder können ihre Dino-Landschaften mit den Dinosaurier-Figuren bespielen. Besonders vielseitig wird die Spielfläche, wenn alle Kinder ihre Landschaften zu einer großen Fläche auf dem Boden zusammenlegen. Wer möchte, kann die Dino-Landschaft mit dem Dino-Kot und den präparierten Knochen aus dem Kapitel „Ausgrabungen" dekorieren.

VULKAN-BAUANLEITUNG

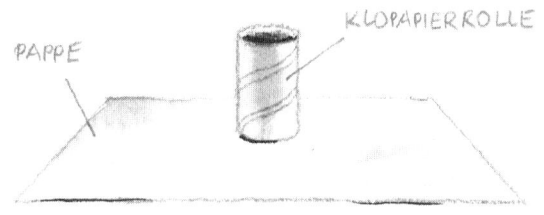

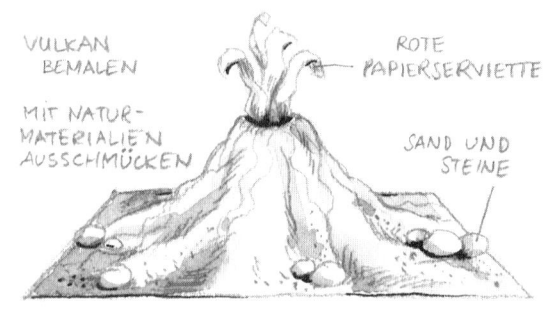

Dino-Landschaft im Karton

Bei wenig Platz und für Ausstellungen eignen sich Landschaften im Karton. Hier können die Kinder den Luftraum mit einbeziehen und zum Beispiel einen Flugsaurier von der Decke baumeln lassen.

Material: für jedes Kind einen großen Karton statt der Pappe, ansonsten das gleiche Material wie für die Dino-Landschaft auf Seite 25

Alter: ab 6 Jahren (mit Variante für Kinder ab 8 Jahren)

Den Karton mit der Öffnung nach vorne aufstellen. Die inneren Rück- und Seitenwände als Horizont mit Wäldern, Bergen oder der untergehenden Sonne, die obere Wand als Himmel bemalen. Die untere Wand als Boden mit Zeitungspapier und Kleister ausgestalten (wie unter „Dino-Landschaft" beschrieben), trocknen lassen und ebenfalls bemalen. Wie bei der Dino-Landschaft mit Naturmaterialien schmücken und bespielen.

Variante für Kinder ab 8 Jahren:
Eine große Anforderung ist es, die Dino-Landschaft in einem Schuhkarton zu gestalten, denn aufgrund des geringen Platzes muss den Kindern von Beginn an klar sein, wo die verschiedenen Elemente Platz finden sollen. Schwierig ist außerdem das perspektivische Malen und Gestalten, um der Landschaft räumliche Tiefe zu geben (z.B. große Figuren im Vordergrund, kleine Figuren im Hintergrund).

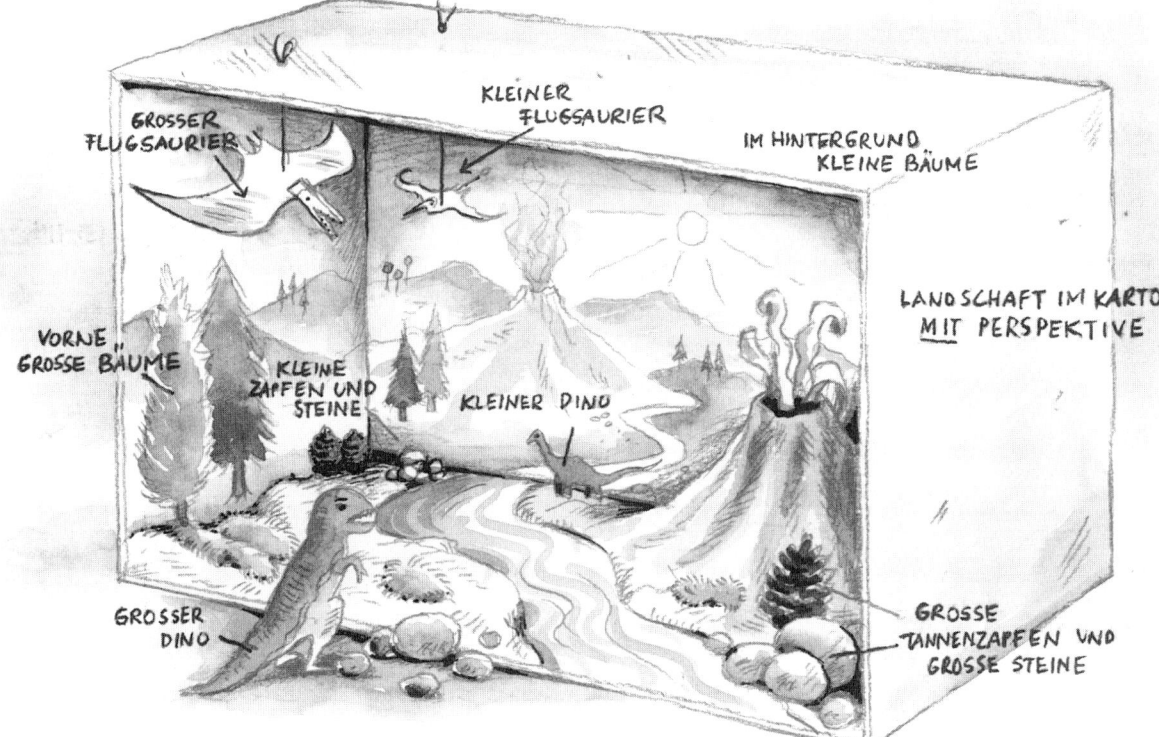

Zeit-Tafel

Nicht alle Dinosaurier lebten zur gleichen Zeit. WissenschaftlerInnen schätzen, dass jede Dinosaurier-Art etwa fünf Millionen Jahre lang existierte, bis sie ausstarb und andere Arten ihren Platz einnahmen. In der Trias lebten die Dinosaurier-Gattungen Coelophysis, Plateosaurus und Procompsognathus. Für den Jura waren Allosaurus, Brachiosaurus, Diplodocus und Apatosaurus sowie Stegosaurus typische Vertreter. Während der Kreidezeit kamen Ankylosaurus, Tyrannosaurus, alle gehörnten Saurier, Deinonychus, Velociraptor, Struthiomimus und Oviraptor, Maiasaura, Parasaurolophus, Iguanodon und Pachycephalosaurus auf. Die Meeres- und Flugsaurier erlebten ihre Blütezeit im Jura. (Alle genannten Dinosaurier sind im Saurier-Verzeichnis im Anhang sowie im Kapitel „Ordnung im Durcheinander" beschrieben und dargestellt.)

Material: Papier in verschiedenen Größen, Malstifte, Schere, Klebstoff, eventuell Dino-Bilder als Vorlage zum Abmalen
Alter: ab 5 Jahren

Die Kinder bemalen zusammen mit der Spielleitung drei große Papierbögen mit Landschaften jeweils aus Trias, Jura und Kreide. Die Spielleitung erklärt dabei die Besonderheiten der jeweiligen Zeitperiode: In der Trias herrschten Wüstenlandschaften mit vereinzelten Nadelbäumen und Palmfarnen vor. Im Jura war das Land reich bewaldet. Da es recht feucht war, gab es auch Pilze. In der Kreide schließlich gab es ausgedehnte Wasserflächen und die ersten Blumen und Laubbäume tauchten auf.

Auf kleinerem Papier malen die Kinder ihre Lieblingssaurier (eventuell nach einer Vorlage) und schneiden sie aus. Mit Hilfe der Spielleitung ordnen sie ihre Saurier der richtigen Epoche zu. Zuletzt klebt die Spielleitung die drei großen Bögen in der richtigen Reihenfolge aneinander und hängt sie auf.

Biene und Blume

Insekten finden Blüten durch die auffällige Färbung der Blütenblätter (einige Insekten können auch im ultravioletten Bereich des Lichts sehen, den menschliche Augen nicht mehr wahrnehmen) und durch den Geruch, den die Pflanze verströmt. Der Geruchssinn vieler Insekten ist viel feiner als der von Menschen, da er nicht nur bei der Nahrungssuche, sondern auch bei der Fortpflanzung eine wichtige Rolle spielt.

Material: Tonkarton oder Tonpapier sowie Krepppapier in verschiedenen Farben, Schere, Bleistift, grüne Pfeifenreiniger, Duftöle
Alter: ab 5 Jahren (ab 3 Jahren ohne basteln)

Mit Bleistift verschiedene Blütenformen auf den Tonkarton oder das Tonpapier aufzeichnen und ausschneiden. Der Durchmesser der Blumen sollte nicht mehr als zehn Zentimeter betragen. In die Mitte der Blüte ein Loch von etwa einem Zentimeter Durchmesser schneiden. Etwa 20 Zentimeter lange und fünf Zentimeter breite Streifen aus dem Krepppapier schneiden und locker aufrollen. Die Krepppapierrolle durch das Loch in der Blume stecken; sie sollte fest sitzen. Auf der Vorderseite das Krepppapier auseinander zupfen und auf der Rückseite den Pfeifenreiniger als Stängel befestigen (an einem Ende mehrfach um das Krepppapier schlingen).
Die Spielleitung beträufelt das Krepppapier einer einzigen Blüte mit einem Tropfen Duftöl und verteilt die Blumen im Zimmer oder im Garten. Die Kinder müssen herausfinden, welche die duftende Blüte ist, indem sie an allen Blumen schnuppern. Wer glaubt, die richtige Blume gefunden zu haben, bleibt neben ihr stehen.

Varianten:
Die Spielleitung beträufelt verschiedene Blüten mit unterschiedlichen Duftölen. Bei der ersten Spiel-Variante darf jedes Bienenkind an einem Duftöl-Fläschchen schnuppern und soll dann seinen Duft erkennen.
Bei der zweiten Variante sollen die Kinder die verschiedenen Düfte herausfinden und benennen.
Als dritte Variante beträufelt die Spielleitung je zwei Blumen mit der gleichen Duftnote; die Kinder sollen die gleich duftenden Blüten finden.

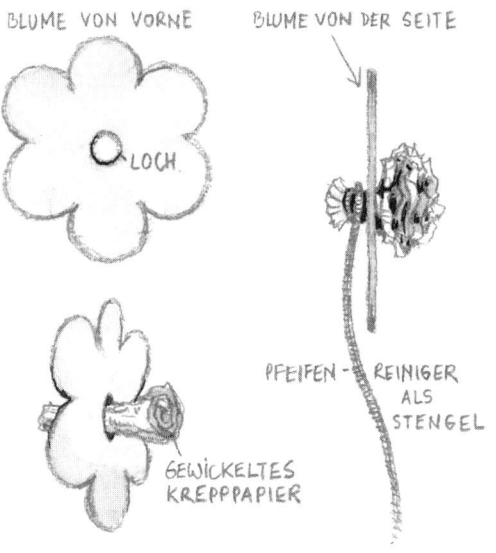

Das riecht gut!

Nachtfalter orientieren sich überwiegend am Duft einer Pflanze.

Material: Malzbier, Sirup, Apfelmus, Rum, Schüsselchen
Alter: ab 4 Jahren

Malzbier, Sirup, Apfelmus und einen Löffel Rum in einem Schüsselchen verrühren und nach draußen stellen. Nach einiger Zeit lockt diese Mischung viele Falter an.

Zimmer-Urwald

Um den Kindern ein Gefühl von den Pflanzen der Dinosaurier-Zeit zu vermitteln, kann die Spielleitung eine Zimmerecke oder ein Stück Flur als Dino-Wald dekorieren.

Material: Topfpflanzen
Alter: ab 3 Jahren

Geeignete Topfpflanzen auswählen – in Frage kommen alle großwüchsigen Zimmerpflanzen ohne Blüten. Für eine möglichst echte Dinosaurier-Landschaft eignen sich jedoch besonders alle Farne, Palmen (die im Spiel die Palmfarne ersetzen), Zimmertannen als Vertreter der Araukarien, Cycadeen (als Zimmerpflanze wird ausschließlich die Sagopalme Cycas revoluta verkauft), kleine Ginkgo-Bäume, Schachtelhalme und Bärlapp-Gewächse und vielleicht ein kleines Usambara-Veilchen, um das Auftreten der Blütenpflanzen zu symbolisieren. Schachtelhalme sind oft an sandigen Stellen, Bahndämmen oder Äckern zu finden; Bärlapp-Gewächse stehen unter Naturschutz und dürfen nicht aus der Natur entnommen werden. Vielleicht verleihen die Eltern der Kinder für einige Tage eine geeignete Zimmerpflanze, um die Kosten gering zu halten.

Topfpflanzen dicht zusammenstellen, so dass ein oder zwei kleine Pfade freibleiben. Wer möchte, kann Dinosaurier-Figuren oder die Dinosaurier-Eier aus dem Kapitel „Ausgrabungen" zwischen die Pflanzen setzen. Die Kinder dürfen nach Herzenslust zwischen den Pflanzen umherkrabbeln und fühlen sich dabei wie echte Dinosaurier!

Im Land der Riesen-Insekten

Viele Insekten waren in der Urzeit größer als heutzutage. Es gab zum Beispiel Libellen mit einer Flügelspannweite von über 40 Zentimetern. Riesenameisen, wie wir sie aus Horrorfilmen kennen, gehören allerdings in das Reich der Phantasie: Insekten haben kein Atmungsorgan, das Luft in den Körper hinein und aus ihm herauspumpt (wie unsere Lunge). Sie sind darauf angewiesen, dass sich die Luft in ihren Atmungsorganen von selbst austauscht – und das funktioniert ab einer bestimmten Körpergröße nicht mehr!

Material: eine Hand voll kleine Perlen
Alter: ab 4 Jahren

Perlen auf ein begrenztes Stück Boden bzw. Wiese werfen. Die Spielleitung erklärt den Kindern, dass sie auf Schatzsuche im Land der Riesen-Insekten gehen sollen; der Schatz sind die Perlen. Die Spielleitung wählt einen besonders knorrigen Ast oder die herabhängende Ranke einer Pflanze als Tor, durch das die Kinder in das Land der Riesen-Insekten gelangen. Während die Kinder durch dieses Tor gehen, schrumpfen sie auf die Größe eines winzigen Käfers zusammen: Sie bücken sich, hocken sich hin, gehen auf alle Viere und haben schließlich Augen, Nase und Ohren dicht über dem Erdboden. Dort treffen die Kinder auf gewaltige Insekten, riesige Spinnen und gigantische Schnecken! Wer genug Perlen gesammelt und viel zu erzählen hat, wächst auf seine normale Größe, indem er durch das Tor das Land der Riesen-Insekten verlässt.

Flugsaurier

Flug- oder Pterosaurier erschienen schon im Trias und waren damit die ersten fliegenden Wirbeltiere. Ihr Skelett bestand aus hohlen Knochen, damit sie leicht genug zum Fliegen waren, aber sie besaßen noch Schwänze und Zähne. Erst im Verlauf des Juras bildeten sich auch diese zurück, um das Gewicht der Flugsaurier noch mehr zu verringern. Die meisten Flugsaurier waren eher kleine Tiere mit einer Flügelspannweite von weniger als einem Meter. Der größte Flugsaurier war vermutlich der Quetzalcoatlus mit einer Flügelspannweite von über zwölf Metern und einem Gewicht von 65 Kilogramm.

Material: für jedes Kind eine Wäscheklammer aus Holz, Wasser- oder Plakafarben, Pinsel, Tonkarton in verschiedenen Farben, Schere, eventuell Faden
Alter: ab 5 Jahren (ab 3 Jahren mit Hilfe eines Erwachsenen)

Wäscheklammer bemalen, nach Belieben Augen und Zähne aufmalen und trocknen lassen. Aus farblich passendem Tonkarton nach nebenstehender Abbildung die Flügel mit Beinen und den Schwanz ausschneiden und in die Wäscheklammer stecken. Die Kinder können wie mit einem Flugzeug mit dem Flugsaurier spielen, ihn an einem Faden aufhängen oder ein Mobile aus mehreren Flugsauriern basteln.

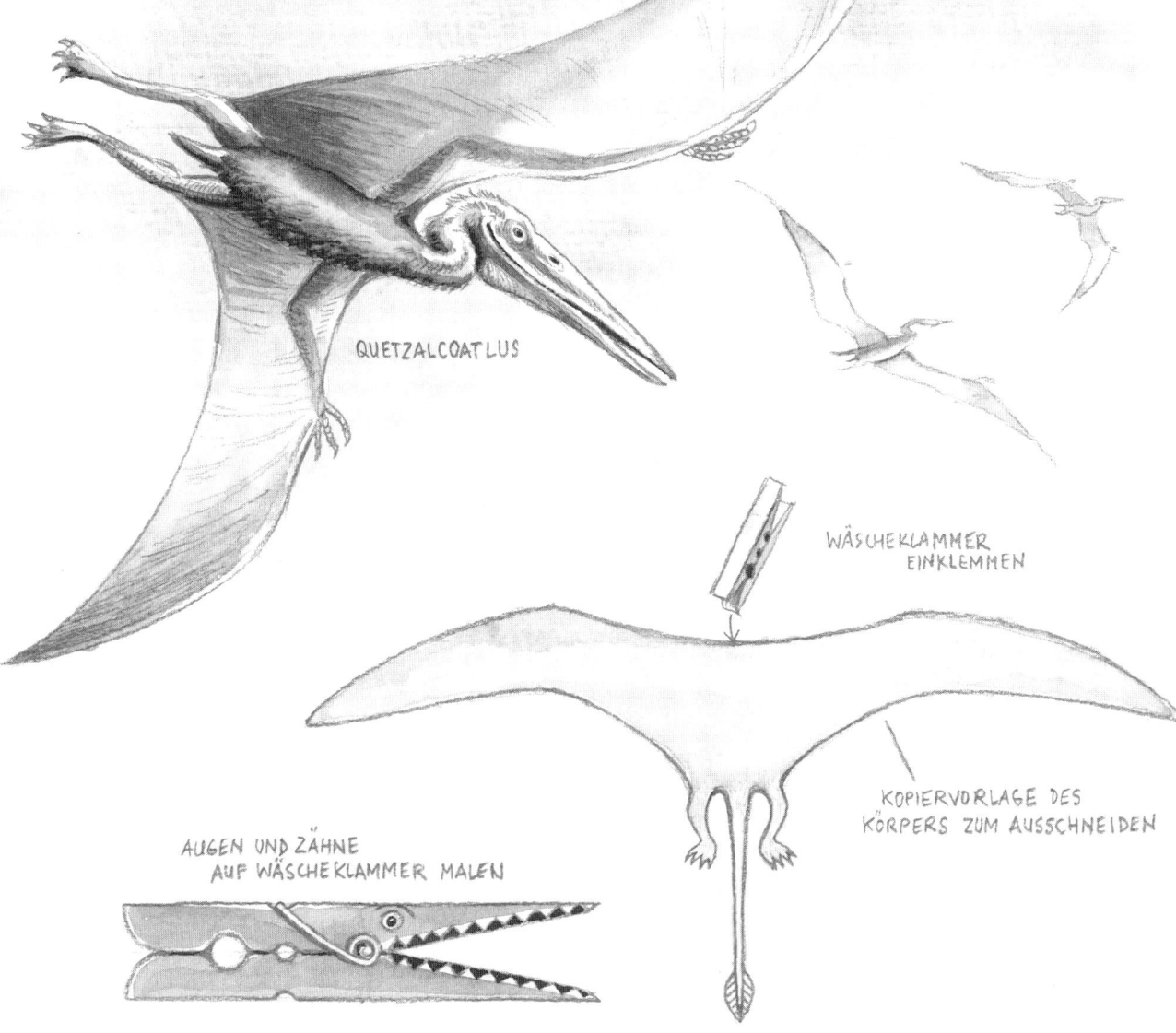

QUETZALCOATLUS

WÄSCHEKLAMMER EINKLEMMEN

KOPIERVORLAGE DES KÖRPERS ZUM AUSSCHNEIDEN

AUGEN UND ZÄHNE AUF WÄSCHEKLAMMER MALEN

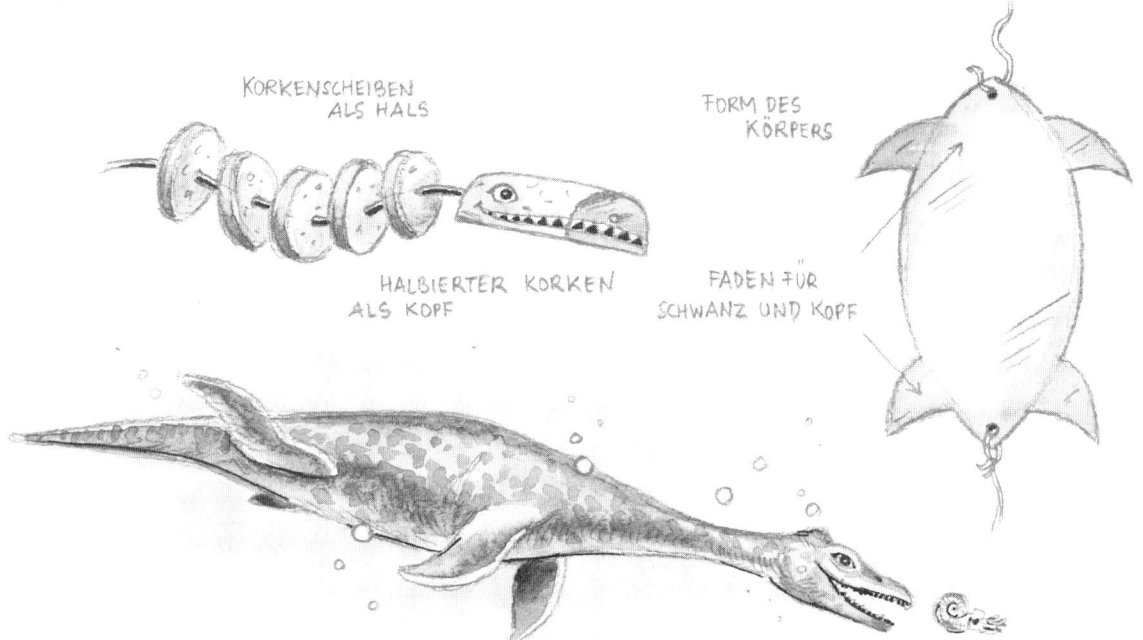

Plesiosaurus

Plesiosaurier waren Meeressaurier. Die Beine waren zu paddelförmigen Flossen umgebildet, ähnlich wie bei Schildkröten, der Körper war gedrungen, der Hals schlangengleich und der Schwanz relativ kurz. Die größten Plesiosaurier waren bis zu 14 Meter lang. Im Gegensatz zu den Ichthyosauriern, die ihre Kinder lebend im Wasser gebaren, krochen die Plesiosaurier vermutlich wie Schildkröten an Land, um ihre Eier in den Sand zu legen. Dort konnten sie rasch die Beute von Raubtieren werden.

Material: dünne Styroporplatten, mehrere Korken, Nadel und Faden, Schere, Messer, wasserfester Stift
Alter: ab 5 Jahren

Aus einer dünnen Styroporplatte mit dem Messer die Form eines Plesiosaurus-Körpers schneiden (siehe Abbildung). Korken in jeweils vier Scheiben schneiden und mit Nadel und Faden für den Hals etwa acht und für den Schwanz etwa vier Korkenstücke locker auffädeln, so dass Hals und Schwanz biegsam sind. Einen Korken der Länge nach halbieren, Augen und Zähne aufmalen, am Hinterkopf einen Faden durchziehen und als Kopf am Hals festbinden. Hals und Schwanz mit Faden am Körper befestigen. Die Kinder können die Plesiosaurier in Pfützen oder im Waschbecken schwimmen lassen.

Plesiosaurus-Rennen

Material: ein selbst gebastelter Plesiosaurus sowie ein Ast für jedes Kind, Faden, Schere, Wasserfläche (große Schüssel, Pfütze o. Ä.)
Alter: ab 4 Jahren

Für jedes Kind einen Faden in der Länge der Wasserfläche abschneiden. Das eine Ende des Fadens fest um den Ast, das andere Ende an den Kopf des Plesiosaurus binden. Plesiosaurier auf der einen Seite der Wasserfläche auf das Wasser setzen; die Kinder stellen sich auf der anderen Seite mit den Ästen in der Hand auf. Auf ein Zeichen wickeln die Kinder den Faden um den Ast. Wessen Plesiosaurus als Erster auf der anderen Seite ankommt, darf beim nächsten Rennen das Startsignal geben.

Meeresgrund

Da sich das Leben auf der Erde im Meerwasser bildete, sind die meisten Meerestiere viel älter als die Landtiere. Fische gibt es schon seit fast 500 Millionen Jahren; Quallen, Krustentiere und Schwämme sind noch älter. Korallen, Muscheln und Schnecken tauchen etwa zur gleichen Zeit auf wie die Fische. Vor ca. 400 Millionen Jahren lebten die ersten Seesterne. Im Meer des Mesozoikums lebten außerdem Ammoniten, Verwandte der Tintenfische, die in spiralig aufgewundenen Gehäusen lebten. (Fossilien von Ammoniten gibt es sehr häufig, so dass die Spielleitung schon für wenig Geld ein Anschauungsexemplar erstehen könnte.)

Material: Schwämme, blaue und grüne Fingerfarbe, Schüsseln, Tapetenreste, alte Zeitungen, Tonpapier in verschiedenen Farben, Schere
Alter: ab 5 Jahren

Den Boden mit Zeitungspapier abdecken und die Tapetenbahn darauflegen. Fingerfarbe mit wenig Wasser in Schüsseln verdünnen. Mit den Schwämmen die blaue und grüne Farbe auf die Tapete auftragen (streichen oder tupfen), so dass sich schöne Farbverläufe und interessante Strukturen ergeben. Mit unverdünnter grüner Fingerfarbe Wasserpflanzen aufmalen. Trocknen lassen. Die verschiedensten Meerestiere und Meeressaurier auf Tonpapier zeichnen, ausschneiden und aufkleben und das Kunstwerk aufhängen.

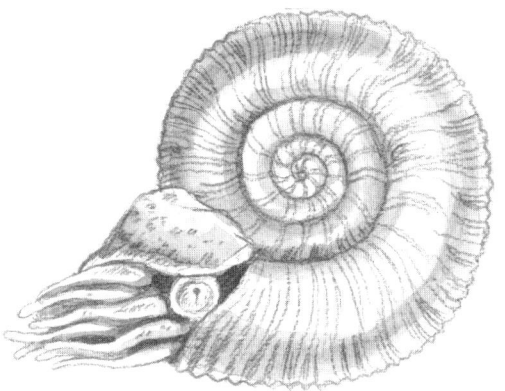

Pelztier hat Hunger

Säugetiere, zu denen auch die Menschen gehören, gab es schon im Trias. Doch aufgrund der Vorherrschaft der Dinosaurier konnten sie sich nicht ausbreiten und weiter entwickeln. Die ersten Säugetiere waren kleine scheue Wesen. Sie glichen Mäusen oder Ratten, lebten am Boden und fraßen Insekten. Da sie vermutlich nachtaktiv waren, besaßen sie wohl ein besonders gutes Gehör.
Das wesentliche Merkmal aller Säugetiere ist das Fell. Auch heute noch haben alle Säugetiere Haare, sogar Wale und Delfine besitzen noch einige Haare im Bereich des Gesichts.

Material: keins
Alter: ab 4 Jahren

Das Zimmer möglichst ganz verdunkeln. Ein Kind ist das kleine pelzige Säugetier, die anderen sind Grillen. Die Grillen verstecken sich und geben leise, hohe Summtöne von sich. Das Pelztier versucht die Grillen mit Hilfe der Töne zu finden. Gefangene Grillen gelten als gefressen und bleiben still in ihrem Versteck sitzen. Sind alle Grillen gefangen, darf ein anderes Kind das Pelztier sein.

Windflieger

Bevor Insekten die Bestäubung von Blütenpflanzen übernahmen, verstreute nur der Wind die Pflanzenpollen. Bei einigen Pflanzen trägt der Wind auch die Samen und Früchte davon. Je nach ihrer Bauart fliegen Pflanzensamen, -pollen und -früchte ganz unterschiedlich. Manche Pollen, zum Beispiel die von Tannen, sind so klein und leicht, dass der Wind sie einfach so davon trägt. Die Tannensamen hingegen sind schwerer und fallen zu Boden. Löwenzahnsamen hängen an ihrem eigenen Fallschirm. Ahornfrüchte fliegen wie Wirbelflieger.

Material: *Wirbelflieger*: dünnes Papier, Schere, Büroklammern;
Fallschirm: Plastiktüten, Faden und ein kleines, leichtes Spielzeug;
Tannensamen: Tannenzapfen, Faden und schwarzes Tonpapier;
Tannenpollen: unterschiedlich feiner Sand (z.B. Vogelsand und Sand aus dem Sandkasten), schwarzes Tonpapier
Alter: ab 5 Jahren

Die Kinder empfinden die unterschiedlichen Flugeigenschaften der Samen, Pollen und Früchte mit selbst gemachten Flugobjekten und kleinen Experimenten nach:

● Ahornfrüchte: die Wirbelflieger
Für den Wirbelflieger das Papier in Streifen von etwa 4 x 15 Zentimeter schneiden und der Länge nach in der Mitte 2/3 weit einschneiden. Büroklammer an das andere Ende stecken. Wirbelflieger hochwerfen und beobachten, wie er zu Boden fällt.

● Löwenzahn: der Fallschirm
Für den Fallschirm ein Quadrat mit etwa 25 Zentimeter Kantenlänge aus der Plastiktüte schneiden. Die Ecken zu Zipfeln drehen und jeweils einen Faden daran knoten. Die vier Fäden an die Plastikfigur knoten. Figur und Fallschirm hochwerfen und beobachten, wie sie fallen.
Löwenzahnsamen beobachten. Wie weit fliegt ein Samen? Was passiert, wenn die Kinder den Fallschirm vom Löwenzahnsamen abknipsen und den kleinen dunkelbraunen Samen alleine fallen lassen?

● Tannenpollen und Tannensamen
Für die Tannensamen Tannenzapfen sammeln und mit einem Faden an einem windgeschützten und trockenen Ort (am besten drinnen) aufhängen. Schwarzes Tonpapier unter die Tannenzapfen legen. Täglich nachsehen, ob Samen auf das Papier gefallen sind. (Als Langzeit-Experiment kann die Spielleitung die Tannenzapfen auch über einen Blumentopf mit sterilisierter Blumenerde hängen; nach einigen Monaten wachsen die ersten Tannenpflänzchen.)
Tannenpollen kennen die meisten als orangefarbenen Belag auf Autos. Bei näherer Betrachtung besteht dieser Schmier aus kleinen gelblichen Körnchen. Der Pollen ist viel kleiner und leichter als die Samen und fliegt deshalb auch weiter. Die Kinder nehmen ein Sandgemisch mit verschiedenen Korngrößen auf die Handfläche und pusten den Sand von der Hand über das schwarze Tonpapier. Die schwereren Sandkörner landen näher an der Handfläche als die leichteren.

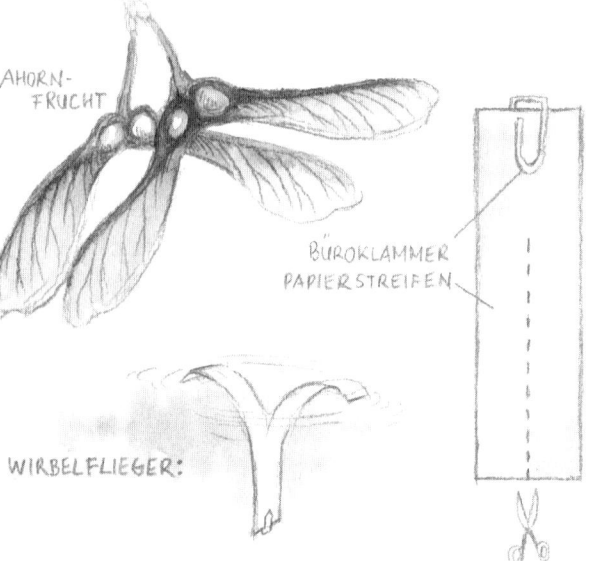

Das Märchen vom trägen Riesen

Biologie der Saurier

Dinosaurier (das Wort bedeutet „schreckliche Echse") galten bislang als Reptilien, zu denen auch die Krokodile, Schlangen, Schildkröten und Eidechsen gehören. Gemeinsame Merkmale von Dinosauriern und Reptilien sind eine trockene, schuppige Haut und das Schlüpfen der Jungtiere aus Eiern. Allerdings weisen Dinosaurier auch viele Merkmale auf, die sie nicht mit den Reptilien teilen, und viele ForscherInnen wollen deshalb die Dinosaurier als eigene Gruppe von den Reptilien abtrennen.

WissenschaftlerInnen bestimmen die Verwandtschaftsbeziehungen zwischen Tieren nach der Form und Anordnung der Knochen. Obwohl die Dinosaurier in so vielen verschiedenen Gattungen existierten, wiesen sie trotzdem Gemeinsamkeiten im Bau des Schädels, der Wirbelsäule, der Fingerknochen, des Beckens und der Beine auf. Besonders die Beinknochen unterschieden sich von denen der Reptilien. Krokodile und Eidechsen halten die Beine seitlich vom Körper; bei Dinosauriern aber standen die Beine senkrecht unter dem Körper, wie zum Beispiel bei Menschen und Elefanten. Außerdem konnte das Bein von hinten nach vorne durchschwingen, ähnlich wie beim Menschen. Nur ein so gebautes Bein ermöglichte es den Dinosauriern, schnell zu laufen und ihr teilweise beträchtliches Gewicht zu tragen.

Leistungsfähige Giganten

Lange Zeit waren WissenschaftlerInnen davon überzeugt, dass die großen unter den Dinosauriern zu schwer waren, um ihr eigenes Gewicht zu tragen. In alten Büchern findet man deshalb Abbildungen von Brachiosauriern und Apatosauriern in Sümpfen oder flachen Gewässern. Angeblich sollte der Auftrieb durch das Wasser verhindern, dass die Knochen der Dinosaurier unter deren Gewicht zusammenbrachen. Heute sprechen zwei Gründe überzeugend gegen diese Theorie: Zum einen fanden WissenschaftlerInnen heraus, dass Dinosaurier-Knochen zum Teil hohl waren, um das Gewicht zu reduzieren, und außerdem an wichtigen Stellen verstärkt waren. Hinzu kommt die bereits erwähnte Tatsache, dass die Beine direkt unter dem Körper standen. Zum anderen berechneten WissenschaftlerInnen den Wasserdruck, der in mehreren Metern Wassertiefe auf den Körper des Dinosauriers eingewirkt hätte, und fanden heraus, dass die Lunge gegen diesen Druck nicht hätte atmen können.

Lange hielt sich auch das Gerücht von den trägen Kolossen, dumm und unbeweglich. Witze machten die Runde über Saurier, die erst nach einem Tag merkten, dass ihnen jemand auf den Schwanz getreten war. Die Darstellung der Saurier in Büchern spiegelte diese Ansichten wider: Die Schwänze der Saurier schleiften über den Boden, alle Bewegungen konnten nur langsam ausgeführt werden, und sobald die Nacht und die Kälte hereinbrachen, versanken die Tiere in einen gleichgültigen Dämmerschlaf.

Nichts hätte falscher sein können. Sicher gab es Dinosaurier wie den Stegosaurus, der ein nur walnussgroßes Hirn hatte. Demgegenüber steht aber zum Beispiel der Troodon, dessen Hirngröße die aller Reptilien und vieler Säugetiere übertrifft. Vor allem bei den Fleisch fressenden Dinosauriern waren die Hirnbereiche, die für das Sehen, Riechen und Hören zuständig sind, besonders gut ausgebildet.

Die Schwänze der Dinosaurier hatten bis in die Spitze hinein Knochen, an denen starke Muskeln ansetzten; sie konnten als peitschenartige Waffe eingesetzt werden, und mit ziemlicher Sicherheit spielten sie eine große Rolle für das Gleichgewicht beim Laufen, vor allem bei kleinen, wendigen Sauriern und den großen Fleischfressern. Auch die Gefahr von Verletzungen durch Steine und Geröll machen das Nachschleifen des Schwanzes eher unwahrscheinlich.

Inzwischen ist unbestritten, dass Dinosaurier genauso wendig, behände und aggressiv waren wie die heutigen Säugetiere. Einige ForscherInnen gehen deshalb davon aus, dass die größeren Saurier zwar kaltblütig waren wie Reptilien, die keine eigene Körperwärme erzeugen können. Ihren Körper waren aber so riesig, dass sie im Körperinneren eine Mindesttemperatur aufrecht erhalten konnten, da sie nicht so schnell auskühlten. Kleinere Saurier könnten tatsächlich warmblütig gewesen sein wie Säugetiere, die immer, unabhängig von der Größe, eine gewisse Mindesttemperatur im Körper aufrechterhalten. (Beim Menschen liegt diese Temperatur bei 36 bis 37 Grad Celsius.)

APATOSAURUS

Vor- und Nachteile von Größe

Groß zu sein bringt für ein Tier viele Vorteile mit sich; Wärmespeicherung aufgrund langsameren Auskühlens ist nur einer davon. Große Tiere müssen natürlich mehr Nahrung aufnehmen als kleine Tiere, aber im Verhältnis der Größe zueinander fressen große Tiere weniger. Sie müssen vergleichsweise weniger Zeit und Aufwand für die Nahrungssuche aufbringen. Große Tiere leben auch sicherer. Giraffen und Elefanten haben in ihrem Lebensraum keine Feinde; auch ein Rudel Löwen wagt sich nicht an sie heran. Und es ist fraglich, ob selbst riesige Fleischfresser wie der Allosaurus sich an einen Brachiosaurus herantrauten.

WissenschaftlerInnen vermuten, dass die Dinosaurier den Reptilien in Hinsicht auf das Wachstum sehr ähnlich waren: Reptilien wachsen ihr Leben lang – vielleicht ein weiterer Grund für die Größe vieler Dinosaurier-Arten. Und für alle heute lebenden Tiere gilt ungefähr die Faustformel, dass die Größe das mögliche Alter bestimmt; große Tiere werden also älter als kleine Tiere. Ein Meerschweinchen hat eine Lebenserwartung von etwa sechs Jahren, eine Hyäne jedoch von 14 Jahren. WissenschaftlerInnen haben errechnet, dass große Dinosaurier eine Lebenserwartung von etwa 180 Jahren gehabt haben könnten.

Doch Größe bringt auch Nachteile mit sich. Wenn das Nahrungsangebot schrumpft, verhungern die Großen als Erste. Außerdem muss der Körper besonderen Belastungen Stand halten. Das Herz und die Lunge der Saurier mussten gewaltige Arbeit leisten, um den ganzen Körper mit Blut und Sauerstoff zu versorgen. Manche WissenschaftlerInnen glauben deshalb, dass einige Saurier mehrere, vielleicht sogar bis zu acht Herzen hatten. Tyrannosaurus hatte wahrscheinlich ein Herz von der Größe eines Schweins (das menschliche Herz ist nur etwa faustgroß) und eine Lunge von der Größe eines Autos.

All dies sind beeindruckende Tatsachen, die einen Großteil unserer Faszination mit Dinosauriern ausmachen. Doch zwei Dinge sollten wir nicht vergessen: Es gab sicher genauso viele kleine wie große Dinosaurier, manche davon nicht größer als ein Huhn. Und das wahrscheinlich größte Tier, das je auf der Erde gelebt hat, war kein Dinosaurier. Es ist der Blauwal.

ALLOSAURUS

TYRANNOSAURUS

Lea beim Tierarzt

Leas Schildkröte Krabbel ist krank. Sie kroch im Garten umher, als ein Kind aus der Nachbarschaft aus Versehen sein Fahrrad auf sie fallen ließ. Jetzt kann sie ihr linkes Vorderbein nicht mehr bewegen und es sieht auch irgendwie ganz schief aus.

Lea ist den Tränen nahe. „Mama, was machen wir denn jetzt? Muss Krabbel sterben?", schnieft sie verzweifelt. „Aber nein, Lea", sagt Leas Mutter und nimmt Lea ganz fest in die Arme. „Wir setzen Krabbel in einen Karton und bringen sie zum Tierarzt. Der wird sie bestimmt ganz schnell wieder gesund machen", tröstet sie.

Leas Mutter holt schnell einen kleinen Karton und Lea und Simon polstern ihn gut mit Gras aus. Dann setzen sie Krabbel hinein und legen ihr auch ein Stück Apfel dazu. Lea trägt den Karton mit der Schildkröte, Simon holt schnell noch sein Dinosaurier-Kuscheltier, und dann geht es los.

Beim Tierarzt ist es leer; Lea darf sofort in das Behandlungszimmer. Der Tierarzt wartet schon. Er nimmt Lea den Karton ab und hebt Krabbel vorsichtig heraus. „Ist das deine Schildkröte?", fragt er Lea. Lea nickt. Sie erzählt dem Tierarzt, was passiert ist. Der Arzt betastet vorsichtig Krabbels Bein. „Deine Schildkröte hat sich das Bein gebrochen, als das Fahrrad darauf gefallen ist", sagt er. „Aber keine Bange, das kriegen wir wieder hin." Der Tierarzt schient das Bein und verbindet es. „Wichtig ist jetzt, dass die Knochen genau passend aneinander liegen und nicht verrutschen können. Dann verheilt der Bruch ganz sauber und die Knochen wachsen wieder zusammen" erklärt er. Er wendet sich Simon zu, der mit seinem Kuscheltier mit in das Behandlungszimmer gekommen ist. „Und was ist mit deinem Tier?", fragt er, „hat es sich auch verletzt?" Simon nickt und hält dem Arzt seinen Dinosaurier hin. Der nimmt ihn vorsichtig in die Hand und betrachtet ihn von allen Seiten. „Ah, ich sehe schon", sagt der Tierarzt, „das ist ja ein Raubsaurier. Die verletzen sich natürlich häufig, wenn sie mit ihren großen Beutetieren kämpfen. Dein Raubsaurier wollte wohl einen Riesen-Langhals fressen, was?" Simon nickt wieder eifrig. „Ja, einen ganz großen", sagt er, „und dann hat der Langhals ihn mit seinem Schwanz weggeschubst und jetzt muss er hinken." – „Na, dann hat dein Dino sich wohl auch ein Bein gebrochen", lächelt der Arzt, „er braucht dringend einen Verband." Und er nimmt ein Holzstäbchen aus einer Schublade und bindet es mit einem Stück Verbandsstoff an einem von Dinos Beinen fest. „So, alles in Ordnung", sagt er und gibt Simon sein Kuscheltier zurück. „In den nächsten Tagen müsst ihr eure Tiere gut füttern, denn die Brüche müssen erst verheilen, bevor sie sich selber wieder Futter suchen können." – „Was haben denn die Dinosaurier früher gemacht, als es noch keinen gab, der sie füttern konnte?", will Lea wissen. „Tja, wenn ihre

Verletzungen so schlimm waren, dass sie nicht mehr selbst jagen oder zu neuen Futterplätzen gehen konnten, sind sie wohl verhungert", antwortet der Tierarzt. „Wisst ihr, hin und wieder finden ForscherInnen alte Dinosaurierknochen, an denen man sehen kann, dass die Tiere einmal einen Knochenbruch hatten, der dann wieder verheilt ist. Aber weil kein Verband drum war, sind die Knochen auch manchmal schief zusammengewachsen." – „Hat das nicht wehgetan?", will Simon wissen. „Nein, nicht unbedingt", antwortet der Tierarzt. „Aber der Dinosaurier konnte mit dem schiefen Knochen vielleicht nicht mehr so schnell laufen oder sich nicht mehr richtig bücken." – „Ich habe mir noch nie etwas gebrochen", sagt Lea. „Ich hatte nur mal Windpocken. Und unsere Oma hat Rheuma, dann tun ihr die Hände immer so weh." Der Arzt lächelt. „Solche Krankheiten hatten Dinosaurier auch. Manchmal hatten sie Zahnschmerzen, das kann man an den Kieferknochen erkennen. Und ein Tyrannosaurus, den WissenschaftlerInnen ausgegraben haben, hatte auch Rheuma, genau wie deine Oma." – „Da hätten Sie da sein müssen; dann hätten Sie den Dino wieder gesund machen können, genau wie Krabbel!", ruft Lea. Aber der Tierarzt schüttelt lächelnd den Kopf. „Nein, danke", sagt er, „einem Tyrannosaurus wäre ich lieber nicht zu nahe gekommen."

Aufgabe: *Stellt euch vor, Zweige und Äste wären Knochen. Welche „Knochen" brechen leichter, dicke oder dünne?*

Diplodocus

Diplodocus gehörte zu den Sauropoden. Er war 27 Meter lang und wog zwölf Tonnen. Der Schwanz machte die Hälfte, der Hals mehr als ein Viertel der Gesamtlänge aus. Wenn er den Kopf von einer Seite zur anderen drehte, beschrieb dieser einen Kreis mit einem Durchmesser von über 15 Metern. Sein Knochenbau entsprach in etwa dem Aufbau einer Hängebrücke. Die Beine dienten als Stützpfeiler, die Halswirbel waren ineinander verstrebt. Dieser Körperbau garantierte eine hohe Stabilität.

Material: Straßenkreide, Zollstock, viel Platz
Alter: ab 6 Jahren (Variante ab 3 Jahren)

Mit Straßenkreide die Umrisse eines Diplodocus in Originalgröße auf den Boden zeichnen und nach Belieben ausmalen. Die Kinder legen sich daneben auf den Boden und ziehen gegenseitig ihre Umrisse mit der Straßenkreide nach. Jedes Kind kann seinen eigenen Umriss ausmalen und mit seinem Namen beschriften.

Variante ab 3 Jahren: Die Spielleitung oder ältere Kinder ziehen die Umrisse des Diplodocus und der Kinder.

Riesen-Knochen

Die Knochen der gigantischen Sauropoden waren enorm groß und stark gebaut. Der Oberarm-Knochen von Brachiosaurus maß 2,1 Meter. Von dem bislang noch nicht vollständig rekonstruierten Seismosaurus fanden ForscherInnen ein Schulterblatt von 2,4 Meter Länge und einen einzelnen Wirbel, der 1,5 Meter lang war. Trotzdem waren die Knochen relativ leicht und dünn, um das Gesamtgewicht des Tieres zu reduzieren. Viele Knochen waren hohl wie die Knochen von Vögeln, aber sie besaßen Verstrebungen in den Hohlräumen, die eine große Belastbarkeit garantierten.

Material: Kaninchen-Draht, Gips und Mullverbände oder Kleister, Zeitungspapier und weiße Wandfarbe
Alter: ab 5 Jahren

Aus dem Kaninchendraht einen etwa zwei Meter langen Knochen formen. Die Form entweder mit in Gips getränkten Mullbändern umwickeln oder mit eingekleisterten Zeitungspapierstreifen, die nach dem Trocknen weiß bemalt werden. Den fertigen Knochen an die richtige Stelle des Diplodocus (s. o.) auflegen.

Hoch hinaus

Die langhalsigen Sauropoden weideten vermutlich Blätter der oberen Baumwipfel ab. Brachiosaurus reichte mit seinem Kopf in eine Höhe von etwa 13 Metern, Seismosaurus könnte vielleicht sogar 18 Meter erreicht haben.

Material: bunte Plastikfolie oder -tüte, Leiterwagen der Feuerwehr
Alter: ab 6 Jahren (ab 3 Jahren in Begleitung eines Erwachsenen) (mit Variante ohne Feuerwehr)

Bei der örtlichen Feuerwehr anfragen, ob sie so freundlich wären einen Leiterwagen zur Verfügung zu stellen. (Das fällt unter die Öffentlichkeitsarbeit der Feuerwehr. Natürlich ist die Feuerwehr zu solchen freiwilligen Einsätzen nicht verpflichtet, und auch bei einer Zusage kann immer ein richtiger Einsatz dazwischen kommen.) Die Feuerwehrleute können ein Stück bunte Folie in einem Baum in etwa 13 Meter Höhe anbringen, um die Reichweite der Sauropoden zu markieren. Vielleicht dürfen sogar die Kinder einmal mit in diese Höhe hinauf fahren. Die Feuerwehrleute freuen sich sicher über einen kleinen Beitrag zur Kaffeekasse.

Variante: Wenn die Feuerwehr nicht kommen kann, kann die Spielleitung die Plastikfolie auch in einem Fenster eines mehrgeschossigen Gebäudes in der richtigen Höhe anbringen. In diesem Fall kann die Spielleitung die Aktion ausschmücken, indem die Kinder einen Saurierkopf auf Pappe malen und ausschneiden. Der Saurierkopf kommt dann statt der Plastikfolie in das Fenster.

Dino-Beine

Dinosaurier und Reptilien unterscheiden sich vor allem im Knochenbau der Beine. Bei Eidechsen ragen die Oberschenkel waagerecht vom Körper weg und bilden mit den Unterschenkeln einen rechten Winkel. Krokodile tragen den Körper etwas höher, die Füße stehen aber immer noch seitlich neben ihm. Bei Dinosauriern standen die Füße unter dem Körper. Zum einen konnten sie dadurch schneller laufen, zum anderen mehr Körpergewicht tragen.

Material: keins
Alter: ab 4 Jahren

Die Kinder sitzen im Kreis auf dem Boden. Ein Kind darf ein Krokodil sein, ein anderes ein Dinosaurier. Sie lassen sich in der Kreismitte auf Hände und Knie nieder: das Krokodil mit abgewinkelten Armen und Beinen, der Dinosaurier mit Händen und Knien unter dem Körper. Die Spielleitung demonstriert durch Druck auf den Schulter- und Beckenbereich, dass der Dinosaurier standfester ist. Auch die Kinder dürfen es ausprobieren. Wer einen Dino oder ein Krokodil auf den Boden drücken kann, darf seinen Platz einnehmen.
Die Kinder bleiben im Kreis. Ein Kind krabbelt wie ein Dinosaurier außen herum. Es tippt ein anderes Kind an. Dieses Kind muss wie ein Krokodil krabbelnd versuchen, den Dinosaurier um den Kreis herum einzuholen. Wer zuerst wieder die Lücke im Kreis erreicht, setzt sich schnell hin. Der Andere ist der neue Dinosaurier.

Tyrannosaurus, wie kommen wir durch die Wüste?

In alten Büchern sind zweibeinige Saurier oft aufrecht gehend dargestellt, so dass der Schwanz über den Boden schleifte. Heute wissen ForscherInnen, dass die Wirbelsäule dieser Saurier vom Schwanz bis zum Hals eine gerade Linie bildete, wobei sich Oberkörper und Schwanz ausbalancierten. Der Körperschwerpunkt lag dadurch genau über den Hinterbeinen, der Saurier konnte sehr gut das Gleichgewicht halten und er war bedeutend schneller, als es nach den alten Abbildungen möglich gewesen wäre.

Material: keins
Alter: ab 4 Jahren

Die Kinder spielen eine Variante des bekannten „Fischer, Fischer, wie tief ist das Wasser". Ein Kind steht als Tyrannosaurus auf einer Seite eines abgegrenzten Spielfeldes, die übrigen Kinder auf der anderen Seite. Die Gruppe ruft „Tyrannosaurus, wie kommen wir durch die Wüste?". Der Fänger hat mehrere Möglichkeiten zu antworten: „Ihr müsst fliegen wie ein Flugsaurier (alle bewegen beim Laufen die Arme auf und ab); kriechen wie ein Krokodil (Arme und Beine sind vom Körper abgewinkelt); schreiten wie ein Langhals (Arme und Beine befinden sich beim Krabbeln senkrecht unter dem Körper); rennen wie ein Tyrannosaurus". Natürlich kann der Fänger auch heute lebende Tiere nennen: watscheln wie eine Ente; hüpfen wie ein Frosch; springen wie ein Känguru; galoppieren wie ein Pferd. Sowohl Gruppe als auch Fänger müssen sich an diese Vorgabe halten. Die Gruppe versucht, die andere Seite des Spielfeldes zu erreichen, ohne vom Fänger erwischt zu werden. Gefangene Kinder werden selber zum Fänger. Wer zuletzt übrig bleibt, darf das Spiel als erster Tyrannosaurus neu beginnen.

Es war ein Dino klitzeklein

Dieses Bewegungsspiel zeigt schon den kleinen Dino-Fans, wie unterschiedlich groß und schnell Dinosaurier waren.

Material: keins
Alter: ab 3 Jahren

Die SpielerInnen versammeln sich in einem Raum mit viel Platz (z.B. in der Turnhalle) oder auf einem Außengelände. Die Spielleitung liest das Gedicht vor und zeigt die dazu gehörigen Bewegungen. Die Kinder spielen das Gedicht nach.

Es war ein Dino klitzeklein,
   mit den Fingern zeigen wie klein oder zusammenkauern
der wollte nicht alleine sein.
   Kopf und Zeigefinger schütteln
Er traf 'nen anderen, groß und schwer,
   mit den Händen zeigen, wie groß und schwer
mit dem zog er ans blaue Meer.
   eine Hand wellenförmig bewegen
Doch war beschwerlich diese Reise,
   mit dem Handrücken den Schweiß von der Stirn wischen
denn jeder ging auf seine Weise:
   mit dem Zeigefinger „Achtung!" zeigen
Der Große machte einen Schritt,
   einen riesigen Schritt machen
da kam der Kleine nicht mehr mit
und musste laufen…
springen…
rennen!
   im Raum oder auf der Stelle laufen, springen, rennen
Da wollt' er abends nur noch – pennen.
   anhalten und gefaltete Hände an die Wangen legen oder auf dem Boden schnarchen.

Zähne

An den Zähnen können WissenschaftlerInnen erkennen, was die verschiedenen Dinosaurier gefressen haben. Dinosaurier, die Pflanzen im Maul klein kauten, hatten flache Mahlzähne. Andere Dinosaurier hatten nur im vorderen Bereich des Mauls stiftartige Zähne, mit denen sie Blätter von Ästen abstreiften und unzerkaut schluckten. Die spitzen gebogenen Zähne von Fleischfressern eigneten sich zum Festhalten der Beute und zum Zerreißen. Bei vielen Fleischfressern hatten die Zähne gezackte Ränder; sie waren dadurch noch schärfer. Zähne wie unsere Schneidezähne eigneten sich zum Abbeißen und Durchtrennen.

Material: Spiegel, Lebensmittel wie Butterbrote, Schnitzel, Äpfel oder Kaugummis
Alter: ab 4 Jahren

Die Kinder betrachten ihre eigenen Zähne im Spiegel. Wie viele verschiedene Zähne haben sie im Mund?
Es gibt die Schneidezähne, die Eckzähne und die Backenzähne.
Und wofür brauchen Menschen diese? Die Kinder beißen und kauen die verschiedenen Lebensmittel und fühlen dabei im Mund nach, welche Zähne sie gerade benutzen. Sie beißen mit den Schneidezähnen das Brot ab, zähes Fleisch halten sie mit den Eckzähnen, während sie das Fleisch abreißen, und zum Kauen benutzen sie die Backenzähne.

Tyranno-Fraß

Tyrannosaurus stellte wahrscheinlich den großen Herden der gehörnten Saurier nach und riss – ähnlich wie heute Löwen und Geparden – kranke, schwache und junge Tiere, die sich von der Herde entfernt hatten. Aufgrund seiner Größe und seines Gewichtes konnte er wohl keine langen Verfolgungsjagden durchstehen. Manche WissenschaftlerInnen glauben, Tyrannosaurus sei ein reiner Aasfresser gewesen. Dagegen spricht, dass sich keines der heutigen Raubtiere ausschließlich von Aas ernährt.

Material: Tonkarton in schwarz, weiß, gelb und in beliebiger anderer Farbe, Schere, schwarzer Stift, undurchsichtiger Beutel, Klebeband, Spielzeugfigur eines Pflanzen fressenden Dinosauriers und andere Gegenstände

Alter: ab 4 Jahren (mit Hilfe eines Erwachsenen beim Basteln)

- Aus dem beliebig farbigen Tonkarton nach untenstehender Abbildung den Kopf eines Tyrannosaurus und darin ein Loch für die Schnauze ausschneiden.
- Zähne aus weißem Tonkarton ausschneiden und von hinten gegen die Schnauze kleben.
- Augen aus gelbem Tonkarton und Pupillen aus schwarzem Karton aufkleben.
- Nasenlöcher einzeichnen.
- Beutel um die Schnauzenöffnung herum von hinten ankleben, so dass die Kinder von vorne durch das Tyrannomaul hinein greifen können.
- Beutel mit verschiedenen Gegenständen füllen, darunter auch eine Spielzeugfigur eines Pflanzen fressenden Sauriers.

Die Kinder greifen reihum in den Beutel und versuchen, aus allen Gegenständen das richtige Tyrannosaurus-Futter, nämlich die Spielzeugfigur, zu ertasten.

Käferjagd

Viele kleinere Dinosaurier ernährten sich zum Teil oder ausschließlich von Insekten. Einige Insekten tragen eine Warntracht aus bunten, grellen Farben, die bedeutet „Ich schmecke widerlich" oder „Ich bin giftig". Marienkäfer oder Wespen sind Beispiele dafür. Leckere Käfer dagegen sind meist gut getarnt und schwerer zu finden.

Material: braune Pappe, Schere, Wasserfarben, Pinsel, Schokolade und sehr strenge Bonbons (zum Beispiel Fisherman's Friends)
Alter: ab 5 Jahren

Auf die Pappe längliche und runde, etwa faustgroße Käfer aufzeichnen und ausschneiden (es sollten mehr Käfer als teilnehmende Kinder da sein).
Die Hälfte der Käfer grellgelb oder leuchtend rot bemalen; bei allen Käfern den Kopf und die Flügel mit schwarzer Farbe andeuten.

Entlang eines festgelegten Weges die Käfer im Gras, in Büschen und Bäumen (allerdings in Reichweite der Kinder) verstecken. Den Weg noch einmal mit den Kindern abgehen. Die Kinder suchen als kleine Dinosaurier je einen Käfer.
Am Ende des Weges befragt die Spielleitung die Kinder, welche Käfer leichter zu finden waren, und verteilt für jeden gefundenen bunten Käfer einen scharfen Bonbon und für jeden braunen Käfer ein Stück Schokolade. (Zum Trost und um den schlechten Geschmack loszuwerden, sollte die Spielleitung auch noch Schokolade für die Dinosaurier mit den bunten Käfern dabei haben!) Gemeinsam machen sich die SpielerInnen auf den Weg, um auch die bislang unentdeckten Käfer aufzustöbern.

Langhals und Peitschenschwanz

Der lange Schwanz von Brachiosaurus, Apatosaurus und den anderen Sauropoden diente nicht nur zur Verteidigung. Er war auch sehr wichtig als Gegengewicht zu dem langen Hals.

Material: Knete
Alter: ab 4 Jahren

Die Kinder formen Langhälse aus der Knete (Bild von Brachiosaurus als Vorlage auf Seite 54, von Apatosaurus auf Seite 35). Was passiert, wenn der Schwanz zu kurz ist? Oder zu lang?

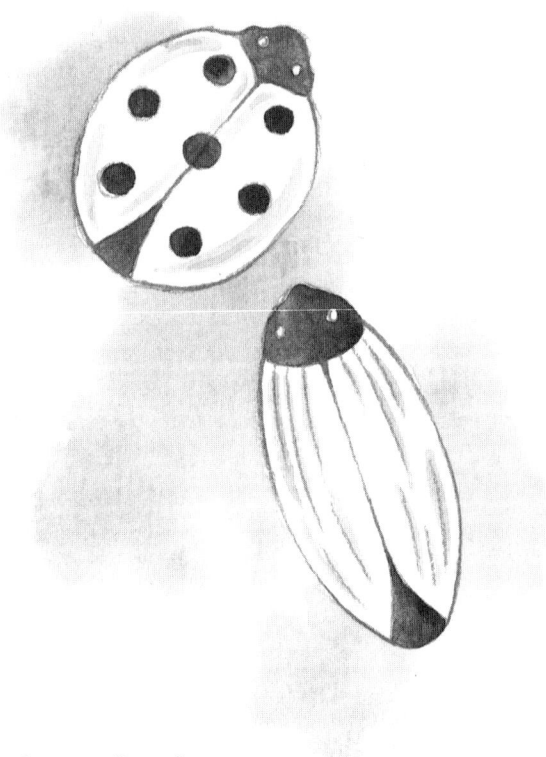

Dino-Suche

WissenschaftlerInnen können zwar die Gestalt von Dinosauriern rekonstruieren, aber über ihr Aussehen ist eigentlich nichts bekannt. Hautfalten, Körperweichteile und Farben bleiben beim Versteinerungsprozess nicht erhalten. (Einige Sauropoden könnten Rüssel gehabt haben wie die heutigen Elefanten. ForscherInnen vermuten dies aufgrund der Lage der Nasenlöcher. Andersherum hätten ForscherInnen, die in zehn Millionen Jahren Elefantenknochen ausgraben, keinen Anhaltspunkt für einen Rüssel – sie würden den Elefanten ohne Rüssel rekonstruieren.) Die Körperfarbe spielt bei vielen heutigen Tieren eine große Rolle, zum Beispiel bei der Partnersuche. Sie dient außerdem zur Tarnung oder als Warnfarbe.

Material: Pappe oder fester Tonkarton in verschiedenen Farben, Wasserfarben und Pinsel oder Malstifte, Schere
Alter: ab 5 Jahren (ab 3 Jahren mit Hilfe eines Erwachsenen)

Die Kinder schneiden aus Pappe oder Karton Dinosaurier-Figuren in verschiedenen Farben aus und malen sie an. Die Spielleitung achtet darauf, dass sowohl Grün- und Brauntöne als auch grelle Farben dabei sind. Auch Muster – Streifen, Punkte, Kreise – sind erlaubt.
Die Kinder bilden zwei Gruppen. Die eine Gruppe versteckt die Dinosaurier im Außengelände, die andere Gruppe muss suchen.
Finden sie alle Dinosaurier wieder?
Welche waren schwer und welche ganz leicht zu finden?
Danach tauschen die Gruppen.

Dino-Fangen

Räuber und Beutetiere stehen immer in einem besonderen Verhältnis zueinander. Wenn es viele Beutetiere gibt, nehmen auch die Raubtiere an Zahl zu, da sie viele Jungtiere ernähren können. Doch je mehr Raubtiere sich auf die Beutetiere stürzen, desto mehr nehmen diese ab – und die Raubtiere hungern und sterben. In dieser Zeit können sich die Beutetiere zahlenmäßig erholen und der Kreislauf beginnt von neuem.

Material: Bänder zum Kennzeichnen einer Gruppe
Alter: ab 5 Jahren

Die Spielleitung befragt die Kinder, wer ein Tyrannosaurus und wer ein Langhals sein möchte. Erfahrungsgemäß möchten mehr Kinder ein Raubsaurier sein.
Alle Tyrannosaurier hängen sich ein Band um, damit sie gut als Raubsaurier zu erkennen sind.
Das Spiel beginnt. Jeder Tyrannosaurus versucht zwei Langhälse zu fangen. Sobald er den ersten Langhals gefangen hat, nimmt er diesen an die Hand, und die beiden Kinder machen gemeinsam Jagd auf den zweiten Langhals, ohne sich dabei loszulassen. Die erste Spielrunde ist beendet, wenn jeder Tyrannosaurus zwei Langhälse gefangen hat oder bereits alle Langhälse gefangen wurden.
In der nächsten Spielrunde bleiben die Kinder, die zwei Langhälse gefangen hatten, Raubsaurier, und auch die zwei Langhälse verwandeln sich in Tyrannosaurier – sozusagen als Kinder des ersten Raubsauriers. Tyrannosaurier, die keine zwei Langhälse fangen konnten, „verhungern" und sind in dieser neuen Runde Langhälse. Bänder tauschen nicht vergessen!
Mit diesen Regeln läuft das Dino-Fangen über mehrere Runden; das Auf und Ab im Räuber-Beute-Verhältnis wird dabei gut sichtbar.

Netz

In der Natur sind alle Tiere, Pflanzen und natürlichen Gegebenheiten miteinander vernetzt. Fällt ein Teil des Netzes aus, sind viele andere Teile betroffen.

Material: Wollknäuel
Alter: ab 6 Jahren

Die Kinder und die Spielleitung stehen im Kreis. Die Spielleitung beginnt das Spiel. Sie nimmt das Wollknäuel in die Hand, hält den Anfang des Fadens fest und wirft das Knäuel einem Kind zu. Dabei bezeichnet sie sich selbst als einen Gegenstand aus der Natur. Das Kind hält den Faden so fest, dass er straff gespannt ist, und wirft das Knäuel einem zweiten Kind zu. Dabei bezeichnet es sich selbst als einen Gegenstand aus der Natur, der irgendwie mit dem zuvor genannten verbunden ist. Das Spiel geht so weiter, bis alle Kinder Teil des Netzes sind. Dabei können ruhig mehrere Kinder der gleiche Gegenstand sein, also mehrere Sonnen oder mehrere Tyrannosaurier.
Ein Spiel könnte so aussehen:
„Ich bin eine Blume."
„Ich bin die Sonne, die die Blume wachsen lässt."
„Ich bin die Eidechse, die sich in der Sonne wärmt."
„Ich bin der Raubvogel, der die Eidechse frisst."
„Ich bin der Wind, auf dem der Raubvogel fliegt."
„Ich bin der Schmetterling, der auf dem Wind tanzt." …

Wenn alle vernetzt sind, sagt die Spielleitung, welcher Teil der Natur aus den Fugen geraten ist, also zum Beispiel:
„Asche aus einem Vulkanausbruch verdunkelt ganz lange die Sonne."

Alle Kinder, die im Netz die Sonne symbolisieren, lassen daraufhin den Faden los. Das Netz bricht zusammen. In einem nächsten Schritt könnten alle Kinder, die von der Sonne abhängen, ebenfalls loslassen und so weiter, bis das Netz völlig zerstört ist.

Tyranno-Stopp

In seinem Film „Jurassic Park" stellte Steven Spielberg Tyrannosaurus als ein Tier dar, dass nur sich bewegende Figuren sehen konnte. Dies scheint jedoch für einen Räuber und Aasfresser eher unwahrscheinlich.

Material: keins
Alter: ab 4 Jahren

Ein Kind ist der Tyrannosaurus und steht mit den Händen vor den Augen in der Mitte. Die anderen Kinder rennen und tanzen um ihn herum. Wenn der Tyrannosaurus brüllt und die Hände von den Augen nimmt, müssen alle erstarren. Der Tyrannosaurus streift brüllend zwischen den Kindern umher und beobachtet sie genau. Wen der Tyranno beim Bewegen oder Lachen erwischt, wird gefressen und ist der nächste Tyrannosaurus.

Futtersuche

Die meisten Raubtiere haben nach vorne gerichtete Augen, mit denen sie räumlich sehen können. Bei den meisten Pflanzen fressenden Tieren liegen die Augen seitlich am Kopf. Sie haben dadurch einen besseren Rundum-Blick, aber was genau vor ihnen liegt, sehen sie gar nicht, ohne den Kopf zu schwenken.

Material: Papier, Locher, Kordel, Schere, Nüsse, Cornflakes o. Ä.
Alter: ab 5 Jahren

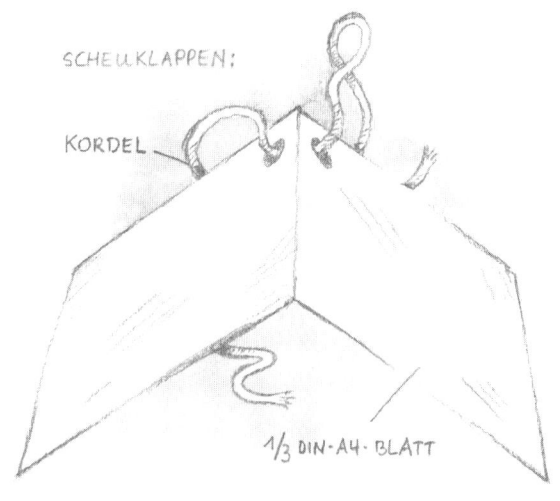

Den DIN A4-Bogen Papier quer in drei gleich große Streifen schneiden.
Jeden Streifen quer in der Mitte falten und an einem Ende der Falz lochen.
Kordel durch die Löcher ziehen und einem Kind so um den Kopf binden, dass die Falte auf der Nase liegt und die aufgeklappten Papierseiten das vordere Gesichtsfeld des Kindes verdecken. Das Ganze ähnelt Scheuklappen.

Nachdem alle Kinder so ausgestattet sind, schüttet die Spielleitung das Essen auf einen Tisch, um den die Kinder sitzen. Jedes Kind versucht möglichst viele der Frühstücksflocken oder Nüsse einzusammeln.

Ordnung im Durcheinander

Die Vielfalt der Dinosaurier

Das Wort „Dinosaurier" erweckt viele verschiedene Bilder vor dem geistigen Auge zum Leben: Kolosse auf säulenartigen Beinen mit langen Hälsen und peitschenartigen Schwänzen, riesige Bestien mit gewaltigen Reißzähnen, bizarr gepanzerte Echsen mit keulenbewehrtem Schwanz, kleine gewandte Jäger mit schlanken Beinen und Armen. Die Vielfalt ist schier unglaublich – und unübersichtlich.

Es gibt zwei einfache Regeln Dinosaurier zu bestimmen:
- Dinosaurier lebten nur im Erdmittelalter – später oder früher lebende Tiere sind damit ausgeschlossen.
- Es waren ausschließlich auf dem Land lebende Tiere mit vier Gliedmaßen, die auf vier oder auf zwei Beinen gingen.

Flug- und Meeressaurier sind demnach zwar echsenartige Tiere, aber keine Dinosaurier! Auch der Dimetrodon, der manchmal in Büchern als Dinosaurier abgebildet ist, kann keiner sein, denn er lebte bereits vor dem Erdmittelalter.

DIMETRODON

THECODONTIER

Die Herkunft der Dinosaurier

WissenschaftlerInnen nehmen es genauer; sie wollen Ordnung ins Chaos bringen. Sie konnten die vielen verschiedenen Dinosaurier-Gattungen auf eine kleine ursprüngliche Gruppe von Reptilien zurückführen. Demnach waren die Ahnen der Dinosaurier wahrscheinlich Thecodontier („Wurzelzähner"), Fleisch fressende Tiere, die zuerst auf vier, später auf zwei Beinen liefen. Aus ihnen gingen Ende der Trias die echten Dinosaurier hervor. Diese frühen Dinosaurier waren ebenfalls Fleischfresser; erst später entwickelten sich auch Pflanzen fressende Arten.

Die zwei großen Dinosaurier-Gruppen

WissenschaftlerInnen unterteilen die Dinosaurier in zwei große Gruppen: die Ornithischia und die Saurischia. Sie unterschieden sich in der Form ihrer Beckenknochen; die Ornithischia besaßen ein Becken, das dem der Vögel ähnelte (Ornithischia = „Vogelbeckensaurier"), während das Becken der Saurischia dem der Echsen ähnelte (Saurischia = „Echsenbeckensaurier"). (Diese Namensgebung ist etwas verwirrend, denn die heutigen Vögel stammen wahrscheinlich von den Saurischiern ab.)

● Die Saurischia

Die Saurischia umfassten nur zwei Gruppen von Sauriern: Sauropoden und Theropoden.

Die *Theropoden* liefen meist auf zwei Beinen und waren Fleischfresser. Alle großen Jäger unter den Dinosauriern – Tyrannosaurus, Allosaurus, Deinonychus, Velociraptor – gehörten zu den Theropoden.

Sauropoden waren fast durchweg vierfüßige und Pflanzen fressende Tiere, die oft gigantische Größen erreichten. Brachiosaurus, Apatosaurus (der früher Brontosaurus hieß) und Diplodocus gehören in diese Gruppe. Kinder kennen diese Tiere als „Langhälse" aus den „Littlefoot"-Filmen der Universal Studios.

DEINONYCHUS

Tyrannosaurus rex, ein Theropode

Der bekannteste aller Saurier ist sicher Tyrannosaurus rex. Er lebte gegen Ende der Kreidezeit auf dem nordamerikanischen Kontinent. Ein ausgewachsenes Tier erreichte eine Länge von zwölf Metern und wog ungefähr so viel wie ein Elefant. Allein der Schädel mit dem kräftigen Kiefer war über einen Meter lang; die 18 Zentimeter langen Zähne waren am Rand gezackt wie ein Steakmesser. Lange Zeit glaubten ForscherInnen, dass er das größte Landraubtier gewesen sei, das je auf der Erde gelebt hat. (Aus Südamerika sind inzwischen zwei andere Raubsaurier bekannt, die noch größer waren.) WissenschaftlerInnen debattieren heute, fast 100 Jahre nach den ersten Funden, immer noch darüber, ob Tyrannosaurus ein agiler Jäger oder ein Aasfresser war. Sein Körperbau deutet darauf hin, dass er Spitzengeschwindigkeiten von 30 Kilometern pro Stunde erreichen konnte, allerdings nur auf kurzen Strecken. Das ist schneller, als seine mutmaßlichen Beutetiere, große Pflanzen fressende Saurier, laufen konnten. Aus Abdrücken an den Innenseiten der Schädelknochen von Tyrannosaurus rex schließen aber manche ForscherInnen, dass das Tier besser riechen als sehen konnte, was für einen Aasfresser sicher wichtiger war. Wahrscheinlich liegt die Wahrheit in der Mitte; schließlich geben sich auch Löwen mit Aas zufrieden, wenn ihre eigene Jagd ohne Erfolg bleibt.

Apatosaurus, ein Sauropode

Der Apatosaurus streifte gegen Ende des Juras als Herdentier durch das Gebiet der heutigen USA und von Mexiko. Mit seinem langen Hals reichte er problemlos an Baumwipfel heran, aber er fraß wohl auch am Boden wachsende Farne und andere Pflanzen. Einige WissenschaftlerInnen glauben, dass Apatosaurus und die übri-

TYRANNOSAURUS

gen langhalsigen Sauropoden ihre Köpfe nur kurz oder gar nicht über ihre eigene Schulterhöhe empor heben konnten. Sie vermuten, dass der vom Herz erzeugte Blutdruck nicht ausreichte, um den Kopf in großer Höhe mit Sauerstoff zu versorgen.

Rätselhaft scheint, wie Apatosaurus jeden Tag genug fressen konnte, um seinen Energiebedarf zu decken. Ein Elefant bringt fast den ganzen Tag mit der Nahrungssuche und dem Fressen zu. Ein Apatosaurus konnte aber bis zu 21 Meter lang und 25 Tonnen schwer werden (vier bis fünf mal schwerer als ein Elefant) und brauchte daher viel mehr Nahrung als ein Elefant. Wie konnte er an einem Tag genug fressen, um satt zu werden?

Wahrscheinlich verbrachten die großen Sauropoden genauso viel Zeit auf Futtersuche wie die Elefanten. Sie gewannen aber mehr Nährstoffe aus der Nahrung, da ihr Magen und Darm das Grünfutter besser verdaute als die Verdauungsorgane eines Elefanten. Ein Elefant scheidet einen Großteil der Nahrung unverdaut wieder aus, also ohne alle Nährstoffe zu nutzen; das war bei Apatosaurus wahrscheinlich nicht so.

● Die Ornithischia

Zu den Ornithischia gehörten fünf Gruppen von Dinosauriern, die alle Pflanzenfresser waren:
die Ornithopoden (zu denen zum Beispiel die Entenschnabelsaurier gehörten),
die gepanzerten Ankylosaurier,
die Pachycephalosaurier mit besonders dicken Schädelknochen,
die Stegosaurier mit den markanten Rückenplatten
und *die Ceratopsier*, die gehörnten Saurier, zu denen unter anderem Triceratops gehörte.

Triceratops, ein gehörnter Saurier

Triceratops, ein Ceratopsier, lebte zur gleichen Zeit und in den gleichen Gebieten wie Tyrannosaurus und gehörte vermutlich zu seinen Beutetieren. Er besaß eine sehr starke Nackenmuskulatur, die notwendig war, um den schweren Schädel mit den Hörnern und der Nackenkrause zu tragen. Die Nackenkrause spielte wohl eine wichtige Rolle bei der Partnerwahl, entweder beim Imponieren oder bei Zweikämpfen, bei denen sich die Männchen mit den Nackenkrausen gestoßen haben könnten.

Triceratops war mit einer Länge von neun Metern und einem Gewicht von über fünf Tonnen der größte der gehörnten Saurier. Seit ihrem ersten Auftreten in der Kreidezeit waren die einzelnen Arten immer größer geworden; die ursprünglichsten Hornsaurier hatten nur etwa die Größe eines Bernhardiners.

Die Stegosaurier

Stegosaurus lebte gegen Ende des Juras auf dem nordamerikanischen Kontinent. Ausgewachsene Tiere konnten neun Meter lang werden und wogen mit einem Gewicht von zwei Tonnen ungefähr so viel wie ein Nashorn. Mit seiner langen schmalen Schnauze weidete er Bodenpflanzen ab. Seine Hinterbeine waren länger als die Vorderbeine, so dass der höchste Punkt des Körpers (in etwa 2,5 Meter Höhe) über den Hüften lag. Alle Stegosaurier besaßen Stachel am Schwanzende, mit denen sie sich gegen Raubtiere verteidigen konnten. Außerdem besaß Stegosaurus Knochenplatten unter der Haut, um Becken und Kehle zu schützen.

Das herausragendste Merkmal aber waren die Rückenplatten. Erst 1992 entdeckten ForscherInnen ein Skelett, bei dem die Anordnung der Platten noch zu erkennen war; seitdem wissen wir, dass die Platten in zwei versetzten Reihen standen. Eine Platte konnte bis zu 75 Zentimeter groß werden. Wahrscheinlich dienten sie zur Wärmeregulation, denn die Haut über den Platten war gut durchblutet. Wollte Stegosaurus sich abkühlen, stellte er die Knochenplatten so, dass das Sonnenlicht nur auf die schmalen Kanten fiel; war ihm zu kalt, ließ er das Sonnenlicht auf die Breitseiten der Platten scheinen.

Die Pachycephalosaurier

Die Pachycephalosaurier liefen auf zwei Beinen, allerdings nicht sehr schnell. Sie ernährten sich vermutlich von Pflanzen, Früchten und Insekten. WissenschaftlerInnen sehen sie manchmal als die Bergschafe unter den Sauriern an, weil die Männchen während der Paarungszeit mit den Köpfen aufeinander los gingen. Sie besaßen deshalb besonders dicke Knochenplatten in der Schädeldecke, um das Hirn beim Zusammenprall zu schützen.

Die Ankylosaurier

Ankylosaurier lebten in der Kreidezeit in Nordamerika und Asien. Sie waren friedliche Pflanzenfresser und wurden bis zu zehn Meter lang. Alle Ankylosaurier besaßen eine starke Panzerung, und bei einigen Arten war der Schwanz zu einer Art Keule mit einem Durchmesser von bis zu einem Meter umfunktioniert.

Die Ornithopoden

Zu den Ornithopoden zählen viele bekannte Saurier wie das Iguanodon, die Maiasaura und die Lambeosaurier mit den Knochenkämmen auf dem Kopf. Sie alle konnten wahlweise auf zwei oder vier Beinen laufen und waren Pflanzenfresser. Manche hatten bis zu 1.000 Zähne im Maul.

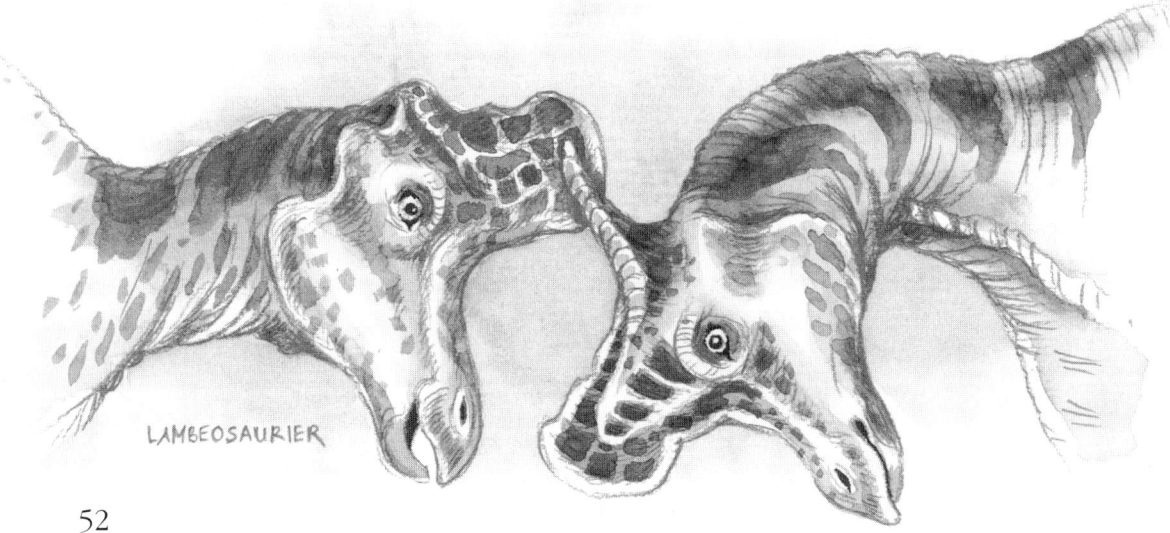

LAMBEOSAURIER

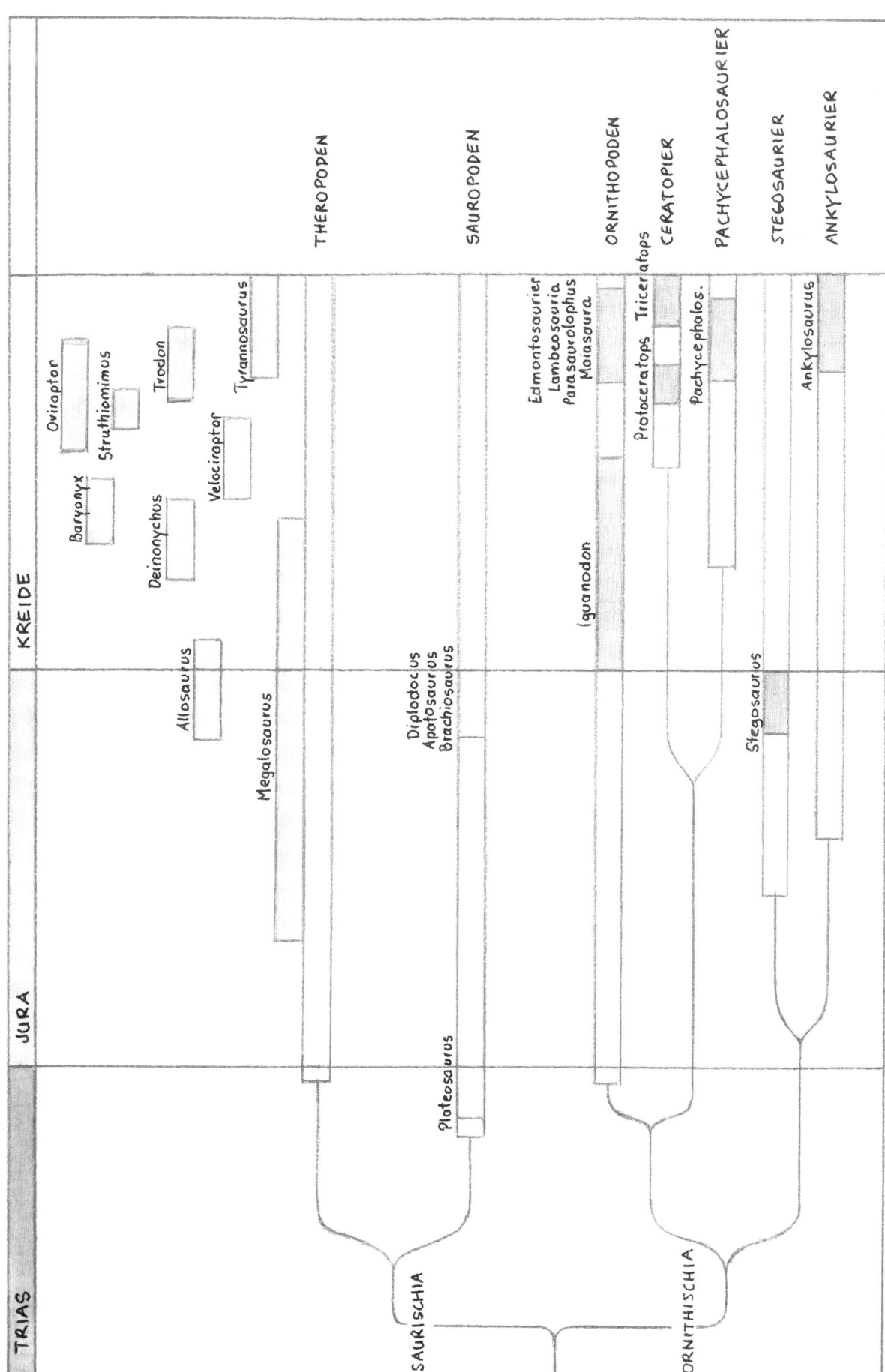

Rekord-verdächtig!

Der **GRÖSSTE und SCHWERSTE** Dinosaurier, von dem ForscherInnen ein komplettes Skelett fanden, ist der Brachiosaurus.
Er war etwa 23 Meter lang und damit kürzer als einige andere Sauropoden. Doch er wog bis zu 80 Tonnen – das entspricht dem Gewicht von 20 ausgewachsenen Elefanten – und er reichte mit seinem Kopf bis in eine Höhe von ca. 13 Metern. Das macht ihn nach heutigem Wissensstand zum größten und schwersten Land-Wirbeltier aller Zeiten. (Es gibt Knochenfunde von Sauriern, die vermutlich noch größer waren, doch die ForscherInnen können ohne ein vollständiges Skelett keine sichere Aussage treffen. Diese mutmaßlichen Riesen-Saurier erhielten die vorläufigen Namen Ultrasaurus und Seismosaurus; sie könnten bis zu 40 Meter lang geworden sein und 18 Meter hoch gereicht haben. Damit ist fraglich, ob der Blauwal mit einer Länge von bis zu 33 Metern das größte Wirbeltier der Welt ist. Mit einem Gewicht von annähernd 180 Tonnen ist er allerdings sicherlich das schwerste!)

GRÖSSENVERGLEICH:

BLAUWAL

BRACHIOSAURUS

Der **LÄNGSTE** Dinosaurier war bislang *Diplodocus* mit einer Länge von fast 30 Metern. Davon machten der Hals fast sieben Meter und der Schwanz 15 Meter aus, der Kopf jedoch war nur 60 Zentimeter lang. Trotz seiner Länge wog Diplodocus nur etwa 12 Tonnen.

Den **LÄNGSTEN HALS** hatte Mamenchisaurus. Dieser asiatische Sauropode konnte 22 Meter lang werden, die Hälfte davon machte der Hals aus.

Der **KLEINSTE** Dinosaurier war vermutlich Compsognathus. Er war ein wendiger Räuber, der knapp vier Kilogramm schwer und mit 60 Zentimetern Körperlänge gerade mal so groß wie ein Huhn war.

Die **LANGSAMSTEN** Dinosaurier könnten die großen Sauropoden gewesen sein. Elefanten können weder traben noch gallopieren, sondern nur schnell gehen, da ihre Knochen den starken Belastungen bei schnelleren Gangarten nicht standhalten. ForscherInnen glauben, dass dies auch bei Brachiosaurus und Apatosaurus der Fall gewesen sein könnte. Sie bewegten sich wahrscheinlich gemütlich mit vier bis sechs Stundenkilometern, also so schnell wie ein Fußgänger.

Der **LAUTESTE** aller Saurier war vielleicht Parasaurolophus. Mit dem seltsamen Knochenkamm auf seinem Kopf konnte er trompetenartige Töne von sich geben.

Ornithomimus könnte der **SCHNELLSTE** aller Saurier gewesen sein. Sein Körperbau glich dem eines Vogel Strauß. Mit Sicherheit konnte er eine Geschwindigkeit von 50, vielleicht sogar bis zu 70 Kilometern in der Stunde erreichen. Manche ForscherInnen glauben, dass Dromiceiomimus noch schneller war.

Der **AGGRESSIVSTE** Räuber muss wohl Velociraptor gewesen sein. 1971 fanden ForscherInnen in der Mongolei die Skelette eines Velociraptors und eines gehörnten Dinosauriers, die sich noch im Todeskampf umklammert hielten. Velociraptor hatte mit seiner Sichelkralle seine Beute aufgeschlitzt und ließ auch nicht von ihr ab, obwohl der Hornsaurier ihn im Kampf tödlich verletzte.

Die **LÄNGSTE KRALLE** besaß Baryonyx. An jedem Vorderfuß trug er eine 30 Zentimeter, mit schützender Hornschicht vielleicht sogar 35 Zentimeter lange Kralle, mit der er vermutlich Fische aus Flüssen herausgriff, ähnlich wie die Grizzlybären Nordamerikas.

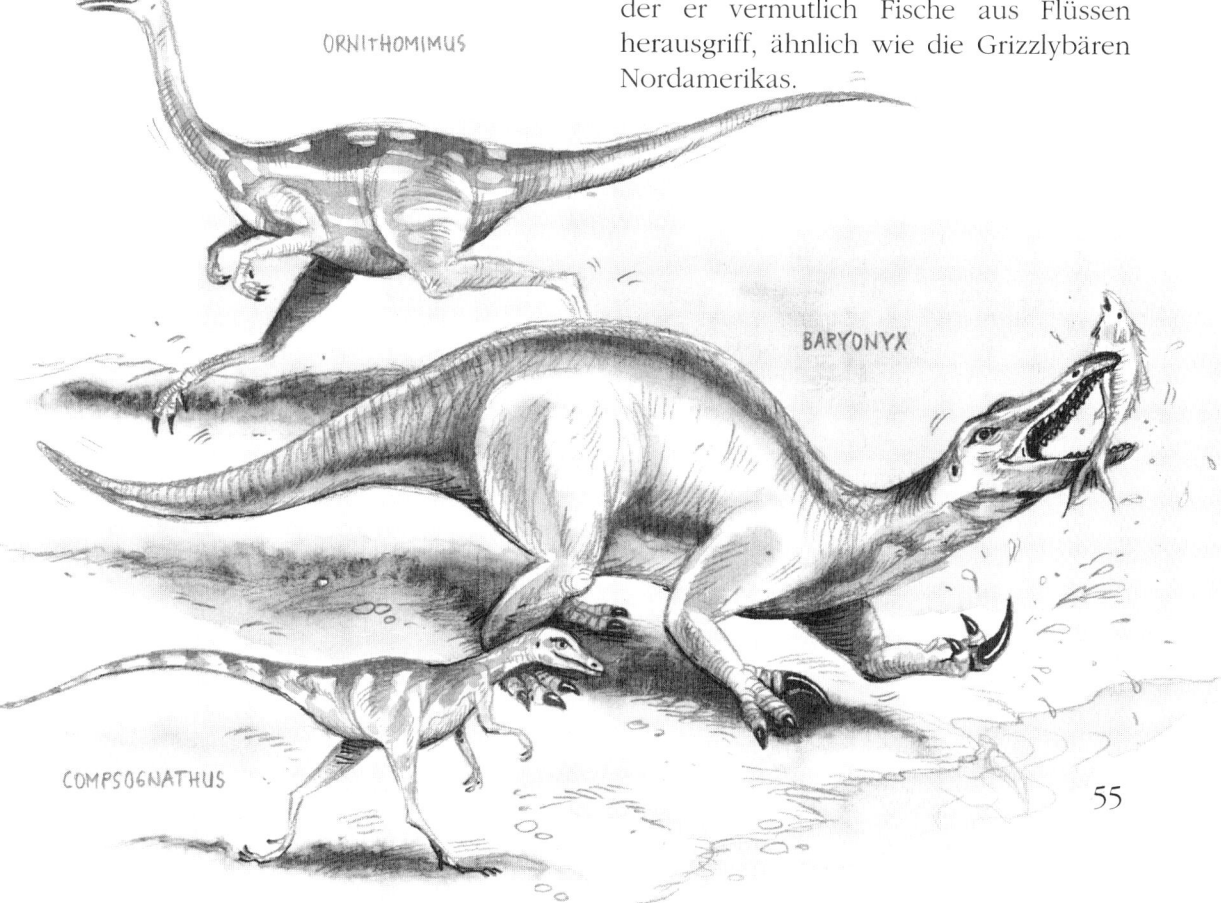

Der **ERSTE OFFIZIELLE** Dinosaurier war Megalosaurus, ein Theropode. Seine ersten Funde stammen bereits aus dem Jahr 1676; 1824 wurde er als erster Dinosaurier wissenschaftlich beschrieben und benannt.

Der **GRÖSSTE RAUBSAURIER** war nicht Tyrannosaurus rex. Bereits 1993 fanden ForscherInnen in Argentinien die Knochen von Giganotosaurus, der einen halben Meter größer gewesen sein könnte. Im Jahr 2000 fanden die WissenschaftlerInnen an einem benachbarten Fundort die Überreste eines noch unbenannten Sauriers, der vermutlich ein bis zwei Meter größer war als T. rex.

Die **MEISTEN ZÄHNE** besaß der Hadrosaurier Edmontosaurus, der sich von Pflanzen ernährte. Er hatte über 1.000 Zähne im Maul, die ständig nachwuchsen, wenn sie abgenutzt waren.

Die **SCHRECKLICHSTE WAFFE** war wohl die 13 Zentimeter lange Klaue am Fuß von Deinonychus. Er setzte die Klaue wahrscheinlich wie einen Dolch ein. Vielleicht jagte er sogar in Rudeln sehr viel größere Beutetiere.

Die **WICHTIGSTE NEUE ENTDECKUNG** ist die Tatsache, dass einige Dinosaurier gefiedert waren. 1998 fanden ForscherInnen in Asien zwei Dinosaurier-Arten, die am Schwanz bzw. am Schwanz und am Oberarm Federn trugen. Wozu die Federn dienten, ist noch unklar, aber fliegen konnten die Tiere damit nicht. Die beiden gefiederten Dinosaurier stehen verwandtschaftlich wahrscheinlich zwischen den Theropoden und den Vögeln.

Den **DICKSTEN SCHÄDEL** besaß Pachycephalosaurus. Seine Schädeldecke war 25 Zentimeter dick, um die Erschütterungen beim Kopframmen um die Weibchen auszuhalten.

EDMONTOSAURUS-KOPF

Lea im Zoo

Lea, Simon und ihre Mutter sind im Zoo. Sie haben die Löwen gesehen, waren im Affenhaus und haben den Robben und Seelöwen bei der Fütterung zugeschaut. Dabei haben die Robben sie sogar nass gespritzt! Aber Leas Lieblingstiere sind die Pinguine, weil die so komisch aussehen, wie sie in ihrem schwarz-weißen Frack daherwatscheln. Und Simon mag die Fische am liebsten, weil er zu Hause immer das Futter für die Neons und Guppys ins Aquarium werfen darf.

Jetzt sitzen Lea, Simon und ihre Mutter im Zoo-Café und essen ein Eis. Lea ist ein bisschen müde vom vielen Laufen. Nachdenklich fragt sie: „Mama, warum gibt es eigentlich so viele verschiedene Tiere?" – „Weil es so viele verschiedene Orte gibt, an denen Tiere leben können", antwortet Leas Mutter. „Das verstehe ich nicht", sagt Lea und zieht eine Schnute. „Na, überlege doch mal. Ein Pinguin, könnte der in Afrika bei den Elefanten leben?" Lea legt die Stirn in

Falten und denkt nach. „Nein!", ruft sie, „da wäre es ihm viel zu warm. Und mitten in Afrika gibt es auch kein Meer, wo er nach Fischen tauchen könnte." Leas Mutter nickt. „Und fällt dir vielleicht ein Vogel ein, der bei den Elefanten leben kann?", fragt sie. Lea überlegt wieder einen Moment. „Ja", ruft sie, „der Vogel Strauß!"- „Richtig", sagt Leas Mutter, „du Große! Und könnte denn der Vogel Strauß am Südpol bei den Pinguinen leben?" – „Nein", antwortet Lea und schüttelt energisch den Kopf, „da ist ja gar kein Sand, in den er seine Eier legen könnte. Und frieren würde er da auch. Der hat ja ganz nackige Beine und einen nackten Hals!" – „Siehst du", sagt Leas Mutter, „jedes Tier passt genau zu dem Ort, an dem es lebt."

Simon will jetzt auch ein Großer sein. „Ich weiß, warum Fische nur im Wasser leben können!", ruft er. „Weil sie an Land keine Luft kriegen mit ihren Kiemen!" Und er schaut seine Mutter stolz an. „Genau", lächelt sie zurück, „und wir können nicht ständig unter Wasser bleiben, weil wir Lungen haben und unter Wasser damit nicht atmen können."

„Aber Mama, eins verstehe ich immer noch nicht", sagt Lea, „wie sind denn die Tiere so verschieden geworden?" Da muss auch Leas Mutter erst mal einen Moment nachdenken. Dann sagt sie: „Pass auf. Weißt du noch, was Oma Else jedes Mal sagt, wenn sie dich sieht?" Lea lacht. „Sie sagt, ich habe die Augen von Opa Willi und den Mund von dir." – „Genau", sagt Leas Mutter, „als du in meinem Bauch gewachsen bist, hast du eine Hälfte Aussehen von mir bekommen und eine Hälfte von Papa. Und weil Papa auch zur Hälfte von Oma Else und zur Hälfte von Opa Willi ist, ist in dir auch ein bisschen von Oma und Opa drin." Lea nickt. Sie kann es richtig vor sich sehen, wie in Mamas Bauch viele kleine Teile zusammenkommen und eine Lea aus ihr machen. Doch dann runzelt sie wieder die Stirn. „Aber Mama, meine Nase ist meine Nase; die ist nicht von dir und auch nicht von Papa oder Oma und Opa!" – „Und deshalb sind wir auch alle verschieden", antwortet Leas Mutter. „Deine Nase ist eben neu gemischt aus Teilen von Papa und mir und deshalb sieht sie anders aus als Papas Nase oder als meine."

„Und was hat das nun mit den Tieren zu tun?", fragt Lea. „Naja, Tiere sind auch immer aus Teilen von ihren Eltern neu zusammengemischt. Die Kinder sind immer ein bisschen anders als ihre Eltern. Jetzt stell dir mal vor, bei einem Antilopenbaby wären der Hals und die Beine neu zusammengemischt und deshalb ein bisschen länger als bei dem Antilopenpapa und bei der Antilopenmama. Und dieses Antilopenbaby wächst und hat selber Kinder und bei denen sind der Hals und die Beine wiederum ein bisschen länger, weil sie neu zusammengemischt sind. Die Antilopenbabys finden das toll, denn sie kommen an leckere Blätter oben an den Büschen, an die die anderen Antilopen nicht herankommen." – „Ich würde den anderen Antilopen auf den Kopf spucken!", ruft Simon fröhlich. Seine Mutter guckt ihn kritisch von der Seite an. „Dann hättest du bald niemanden mehr, der mit dir spielt", sagt sie und erklärt weiter: „Wenn das nun ganz lange so weiter geht und die Antilopenbabys immer längere neu zusammengemischte Hälse und Beine haben, dann schauen sie eines Tages an sich runter und denken: Nanu, ich bin ja gar keine Antilope mehr. Lea, was meinst du, was sind sie dann?" – „Giraffen!", lacht Lea. „Komm, Mama, bei den Giraffen waren wir noch gar nicht!" Und sie steht auf und rennt davon.

Aufgabe: Erzählt, wem ihr ähnlich seht!

Dino-Figuren aus Salzteig

Material: 3 Tassen Mehl, 2 Tassen Salz, 1 1/4 Tassen Wasser, Wasserfarben oder Plaka-Farben, Pinsel, evtl. Klarlack
Alter: ab 4 Jahren

Aus Mehl, Salz und Wasser einen Salzteig kneten. Die Spielleitung stellt den Kindern verschiedene Dinosaurier vor. Die Kinder gestalten aus dem Salzteig einen Dino ihrer Wahl. (Für den Schulunterricht kann das Lehrpersonal auch nur eine bestimmte Dinosaurier-Art vorgeben.)
Wenn der Salzteig im Ofen fertig getrocknet ist (die Temperatur über vier Stunden von 75 auf 150 Grad Celsius steigern), können die Kinder ihre Figuren mit Wasser- oder Plaka-Farben bemalen und eventuell lackieren.
Hinweis: Die Spielleitung sollte weiteres Mehl und Salz vorrätig haben, um bei Bedarf schnell noch mehr Salzteig herstellen zu können.

Dino-Figuren aus selbst gemachter Knete

Material: 400 Gramm Mehl, 200 Gramm Salz, 3 Esslöffel Öl, 2 Esslöffel Weinsteinsäure (aus der Apotheke), 1/2 Liter kochendes Wasser, Mixer und Knethaken, flüssige Lebensmittelfarbe, Schüssel, Steinchen, Äste, Tannennadeln oder andere Naturmaterialien
Alter: ab 4 Jahren

Mehl, Salz, Öl, beliebige flüssige Lebensmittelfarbe und Weinsteinsäure in einer Schüssel vermischen. Kochendes Wasser darüber gießen und mit dem Mixer kneten. Ankylosaurier, Ceratopsier oder Stegosaurier (Abb. S. 51) aus der Knete formen. Für die Knochenplatten, Hörner, Dorne oder Keulenschwänze Steine, Äste und andere Naturmaterialien in die Knete drücken und trocknen lassen.
Hinweis: Wie viel Knete die Kinder verarbeiten, richtet sich nach der Größe der Figuren und der Anzahl der Kinder. Deshalb ist es besser, vorher die Knete nach den angegebenen Mengen ein Mal zuzubereiten und dann abzuschätzen, wie viel die Kinder insgesamt benötigen. Die Spielleitung kann die Knete auch mit verschiedenen Lebensmittelfarben zubereiten. Die Knete hält sich luftdicht verschlossen mehrere Wochen; an der Luft härtet sie aus.

Dino-Figuren aus Papiermaché

Material: pro Dinosaurier je eine Rolle Toilettenpapier, 1/2 Liter warmes Wasser und 1/8 Liter angerührten Tapetenkleister; außerdem Plakafarben und Pinsel
Alter: ab 6 Jahren

Toilettenpapierrolle in das Wasser tauchen, bis sie sich vollgesogen hat, und gut ausdrücken. Mit dem Kleister verkneten, bis eine geschmeidige formbare Masse, das Papiermaché, entsteht. Aus dem Papiermaché kleine Dinosaurier formen und nach dem Trocknen mit den Plakafarben bunt bemalen.

Dino-Köpfe

Material: Papiermaché (siehe oben) oder Kleister und alte Zeitungen in ausreichender Menge, Luftballons und/oder feiner Maschendraht, Klebstoff und Klebeband, Plakafarben, Pinsel, eventuell Joghurtbecher oder Papprollen
Alter: ab 8 Jahren (Gruppenprojekt)

Aus Papiermaché oder nach der Kleistertechnik, bei der Luftballons mit in Kleister getränkten Papierschnipseln beklebt werden, lassen sich besonders gut große Dinosaurier-Köpfe gestalten, weil das verwendete Material sehr leicht ist. Als Gerüst für die Schädel eignen sich längliche oder runde Luftballons oder auch passend gebogener feiner Maschendraht, für Hörner und Kopfauswüchse leere Joghurtbecher oder Papprollen, die die Kinder dann mit gekleistertem Papier oder dem Papiermaché überziehen und nach dem Trocknen bemalen.

Beispiele:

- *Pachycephalosaurus:*
Einen runden Luftballon aufblasen und zur Hälfte mit Kleister und Papier überziehen und trocknen lassen. Luftballon abziehen und die so entstandene Papierkuppel als Schädelkuppel passend auf einen länglichen Luftballon kleben, der die Schnauze darstellt. Schnauze aus gekleistertem Papier oder Papiermaché ausformen. Den Kopf nach dem Trocknen bemalen.

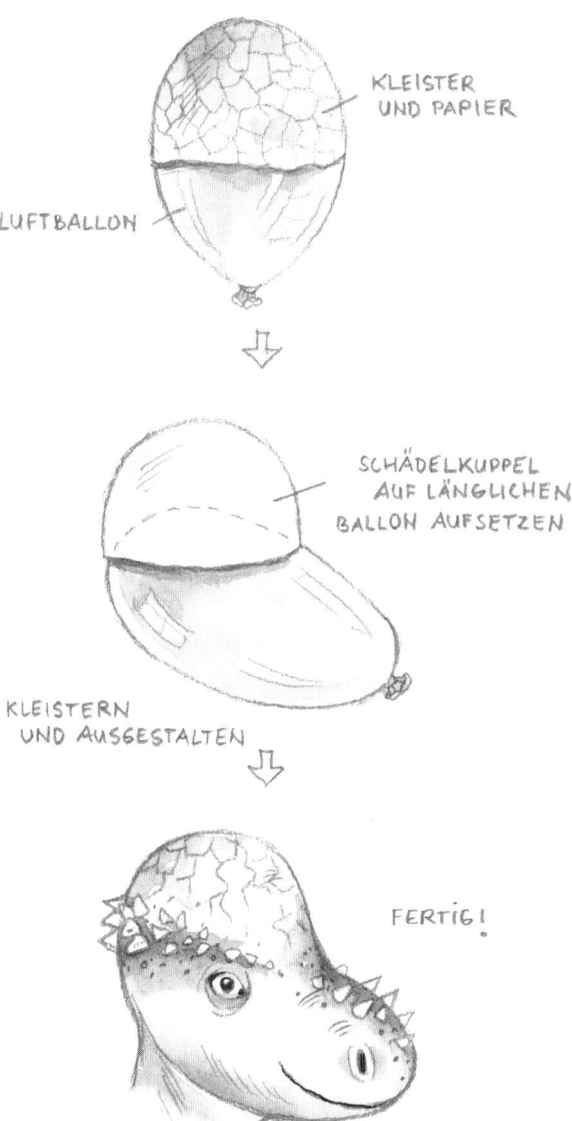

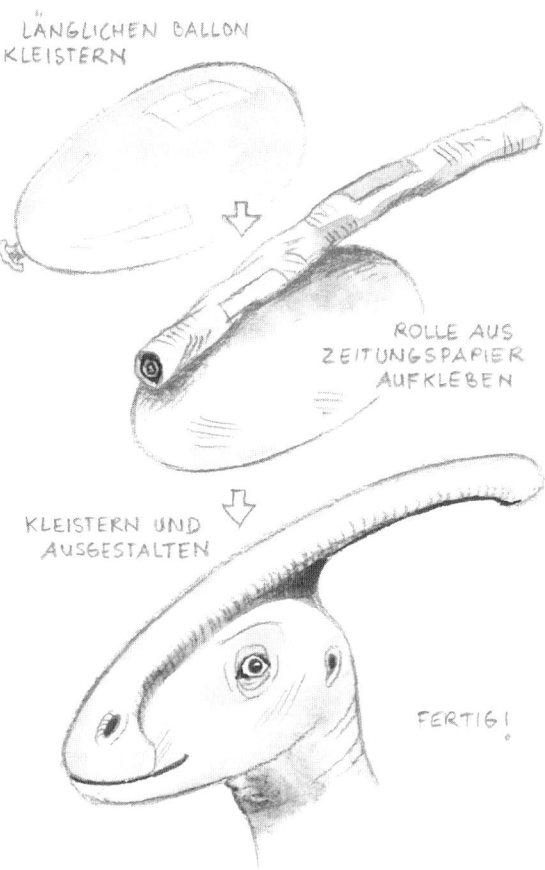

● *Parasaurolophus:*
Schnauze aus einem länglichen Ballon formen. Für den Knochenkamm aus Zeitungspapier eine lange, dünne Rolle aufdrehen und an der Oberseite der Schnauze festkleben, so dass die Rolle hinten eine Schnauzenlänge weit übersteht. Mit Kleister und Papier oder Papiermaché ausgestalten und nach dem Trocknen bemalen.

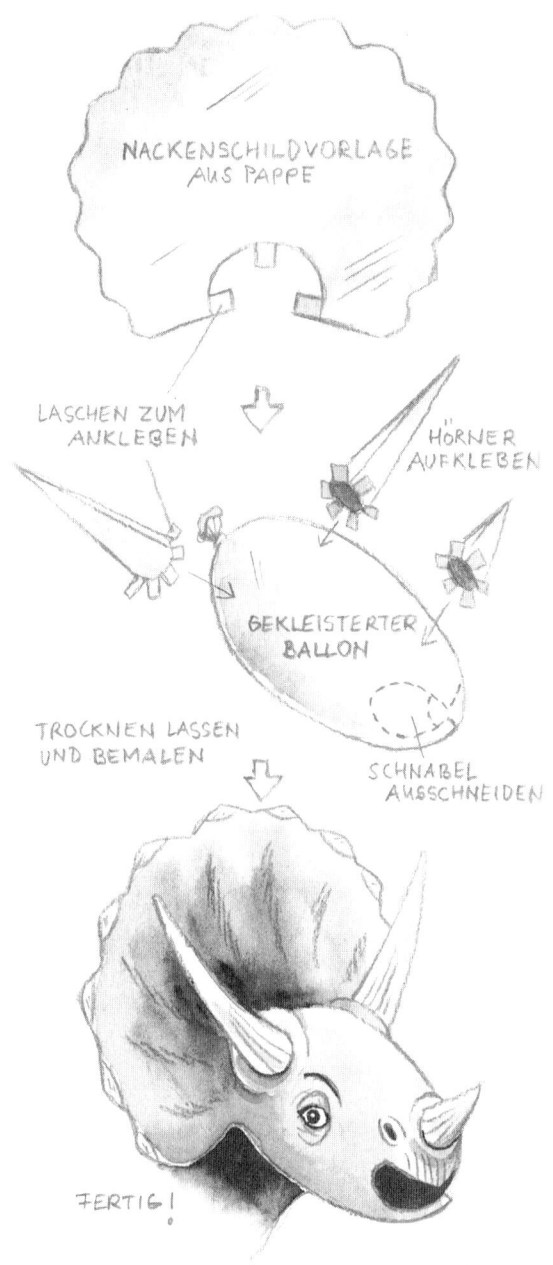

● *Triceratops:*
Kopf mit Schnauze aus einem länglichem Ballon formen. Dazu den Ballon ringsum mit Papiermaché oder mit einigen Schichten eingekleisterten Zeitungspapiers überziehen. Eine Nackenkrause auf Pappe aufmalen (siehe Abbildung) und ausschneiden und nach dem Trocknen des Ballons an dessen oberem Drittel festkleben. Mit Kleisterpapier oder Maché überziehen und mit knubbeligen Hörnern am Rand ausgestalten. Schnabelform aus der getrockneten Schnauze ausschneiden. Für die Hörner Papprollen längs einschneiden und zu einer spitzen Tüte zusammenkleben. Am breiten Ende mehrmals kurz einschneiden und mit den entstandenen Laschen an der Schnauze und am Nackenschild festkleben. Trocknen lassen und bemalen.

Dinosaurier-Massage

Material: keins
Alter: ab 4 Jahren

Die Kinder und die Spielleitung sitzen so im Kreis, dass jeder auf den Rücken des Kindes vor ihm schaut. Die Spielleitung liest den Text zur Massage langsam vor und zeigt dabei den Kindern, mit welchen Bewegungen sie den Rücken des vor ihnen sitzenden Kindes massieren sollen.
„Stelle dir vor, dein Rücken ist ein Stück Erde zur Zeit der Dinosaurier vor 70 Millionen Jahren.
Über dir breiten sich große Blätter aus,
Hände auf den Rücken legen
dazwischen streifen dich auch dünne Halme und Äste.
mit einem Finger kreuz und quer über den Rücken streichen
Die Wurzeln eines riesigen Baumes kitzeln dich.
mit den Fingerspitzen kitzeln
Ein kleiner Bach läuft an einer Seite entlang und plätschert.
einen Finger in Schlangenlinien an einer Körperseite entlang ziehen
Ein durstiger Triceratops stapft über dich hinweg zum Wasserlauf
die Fäuste sanft drückend über den Rücken bewegen
und trinkt.
an der Körperseite leicht mit den Fingerspitzen zupfen
Gemächlich zieht er weiter.
die Fäuste sanft drückend über den Rücken bewegen
Ein Flugsaurier landet sanft nach einem weiten Flug auf der Erde, ein zweiter Flugsaurier folgt ihm.
Hände zwei mal sanft auflegen
Sie ruhen sich aus
Hände liegen lassen
und starten dann zu einem neuen Flug.
Hände wegnehmen
Du bebst unter den Füßen des riesigen Langhals Saltasaurus.
Hände abwechselnd kräftig auflegen und einen Moment vibrierend liegen lassen
Sein schwerer Körper bewegt sich langsam. Er rupft erst oben an den Baumkronen, dann auch unten an der Erde die dicken saftigen Blätter. Du spürst seine dicken Lippen.
mit den Fingerspitzen überall am Rücken kräftig zupfen
Dann zieht er weiter.
Hände abwechselnd kräftig auflegen und einen Moment vibrierend liegen lassen
Ein Tyrannosaurus stampft eilig daher,
mit den Fäusten kräftig, aber nicht zu fest, auf den Rücken klopfen
bleibt stehen,
Pause
läuft weiter.
mit den Fäusten kräftig, aber nicht zu fest, auf den Rücken klopfen
Er scheint seine Beute verloren zu haben. Da – es raschelt in den Blättern.
mit einer Hand schnell über den Rücken wedeln
Der Tyrannosaurus streckt seinen Kopf über den Boden – du spürst seine scharfen Zähne, wie sie über dich hinweg schaben
die Fingerspitzen kräftig über den Rücken ziehen
– doch das Beutetier hat sich gut versteckt. Der Tyrannosaurus kratzt mit seinen Krallen,
kräftig mit den Fingerspitzen kratzen
doch ohne Erfolg. Dann stapft er weiter.
mit den Fäusten kräftig, aber nicht zu fest, auf den Rücken klopfen
Ein Velociraptor läuft mit seinen dreikralligen Füßen über dich hinweg,
mit drei Fingern einen Weg den Rücken hinauf klopfen

ein kleinerer folgt ihm im Zickzack,
> *mit drei Fingern einen Weg den Rücken hinauf klopfen*

weil er neugierig hier und da stehen bleibt. Die Blätter streifen vom Wind bewegt über den Boden.
> *mit den Handflächen über den Rücken streichen*

Ein Stegosaurus kommt,
> *mit den Händen auf den Rücken klopfen*

legt sich auf den Boden und schabt seine Zacken über eine dicke Wurzel.
> *mit den Knöcheln über den Rücken reiben*

Das Kratzen tut ihm gut. Er trinkt noch am Bach
> *an der Körperseite leicht mit den Fingerspitzen zupfen*

und verschwindet dann zwischen den Bäumen.
> *mit den Händen auf den Rücken klopfen*

Plötzlich wird es unruhig – du bebst
> *Rücken mit den Händen hin und her schütteln*

– die Zweige und Blätter bewegen sich heftiger durch einen starken Luftzug
> *mit den Fingerspitzen über den Rücken wedeln*

– ein Dröhnen ist zu hören. Da! Eine Herde von Struthiomimus jagt im rasenden Tempo am Waldrand entlang.
> *ganz schnell mit den Handflächen auf den Rücken trommeln*

Ein paar Tiere trödeln hinter der Herde her.
> *Trommeln wird weniger*

Dann ist es wieder ruhig. Der Bach plätschert
> *einen Finger in Schlangenlinien an einer Körperseite entlang ziehen*

die Wurzeln kitzeln,
> *mit den Fingerspitzen kitzeln*

ein kleines Tier läuft unter den Blättern entlang.
> *mit den Fingerspitzen über den Rücken huschen*

Es kuschelt sich unter einen großen Farn, der ihm Schutz bietet.
> *mit der Handfläche sanft eine Stelle des Rückens reiben*

Für heute ist es dem Tyrannosaurus noch einmal entkommen..."

> (mit einem Dankeschön an Gudrun Pesch)

Verfolgungsjagd

Dinosaurier erreichten ganz unterschiedliche Laufgeschwindigkeiten. Ein Mensch könnte wahrscheinlich bequem mit einem großen Sauropoden mithalten. Triceratops war mit 16 bis 25 Kilometern in der Stunde vermutlich ungefähr so schnell wie ein Nashorn. Die Durchschnittsgeschwindigkeit eines Tyrannosaurus dagegen lag etwas darunter; allerdings konnte der riesige Raubsaurier auf kurzen Strecken bis zu 30 km/h erreichen.

Material: je eine Dino-Figur eines Fleisch- und eines Pflanzenfressers (selbst gemacht oder gekauft)
Alter: ab 3 Jahren (mit Variante für Kinder ab 5 Jahren)

Die Kinder bilden einen Stuhlkreis. Ein Kind hält die Figur des Fleischfressers fest, ein Kind gegenüber im Kreis die des Pflanzenfressers. Die Kinder reichen die Figuren möglichst schnell im Kreis herum, bis der Raubsaurier seine Beute eingeholt hat.

Variante ab 5 Jahren: Die Spielleitung lässt während der Verfolgungsjagd mehrmals die Richtung wechseln: Auf den Ruf „Anders herum!" hin müssen die Kinder beide Saurier in die andere Richtung weitergeben.

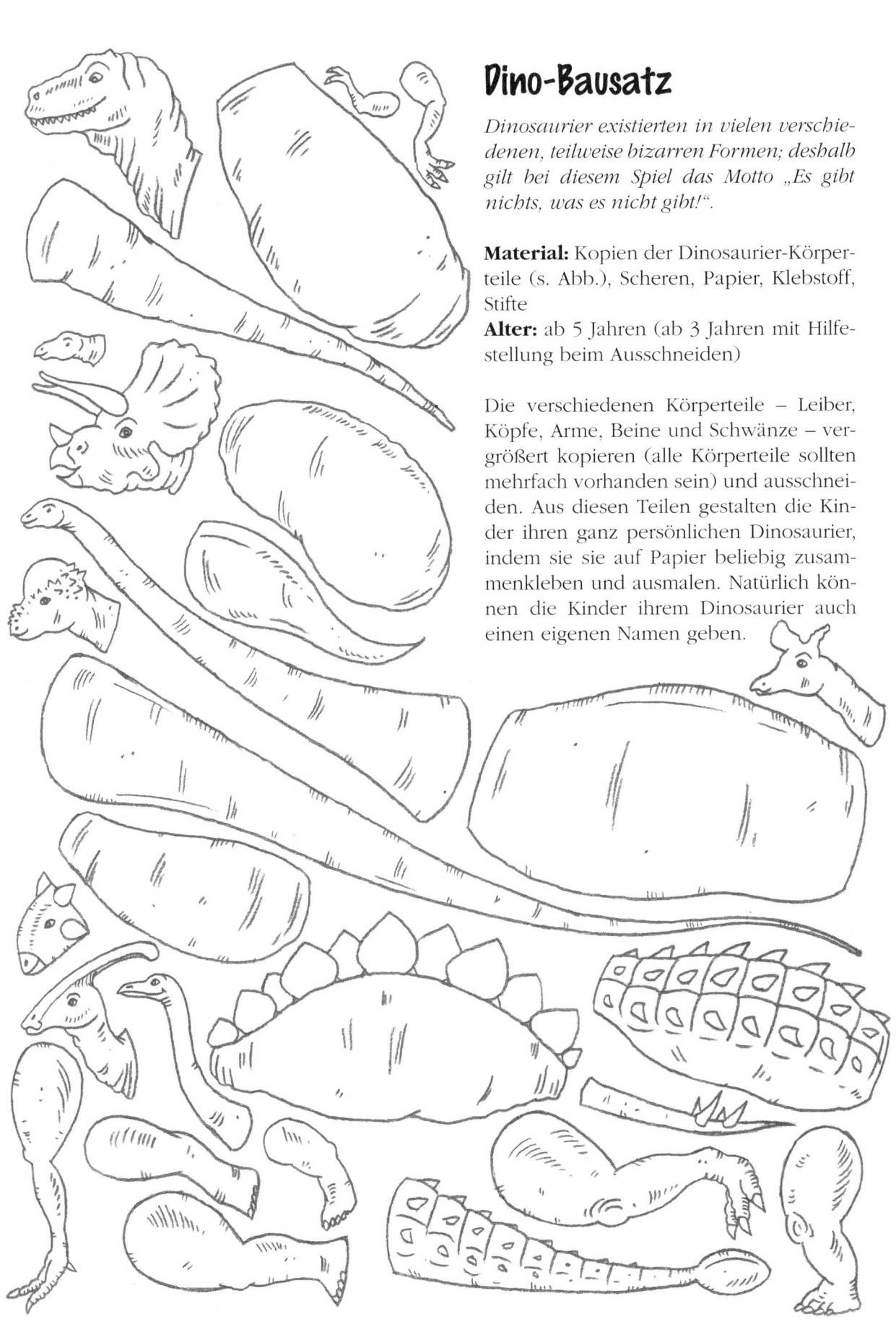

Dino-Bausatz

Dinosaurier existierten in vielen verschiedenen, teilweise bizarren Formen; deshalb gilt bei diesem Spiel das Motto „Es gibt nichts, was es nicht gibt!".

Material: Kopien der Dinosaurier-Körperteile (s. Abb.), Scheren, Papier, Klebstoff, Stifte
Alter: ab 5 Jahren (ab 3 Jahren mit Hilfestellung beim Ausschneiden)

Die verschiedenen Körperteile – Leiber, Köpfe, Arme, Beine und Schwänze – vergrößert kopieren (alle Körperteile sollten mehrfach vorhanden sein) und ausschneiden. Aus diesen Teilen gestalten die Kinder ihren ganz persönlichen Dinosaurier, indem sie sie auf Papier beliebig zusammenkleben und ausmalen. Natürlich können die Kinder ihrem Dinosaurier auch einen eigenen Namen geben.

Saurier raten

Material: Papier, Stift, Augenbinde
Alter: ab 6 Jahren (mit Variante ab 4 Jahren)

Als Vorbereitung mit den Kindern Bilder von Dinosauriern betrachten und deren besondere Merkmale benennen oder eine Runde „Die Dinosaurier stellen sich vor" (Seite 12) spielen.

Die Spielleitung wählt ein Kind aus, das mit dem Spiel beginnen darf, und bindet ihm die Augenbinde um. Sie flüstert dem Kind den Namen eines Sauriers und vielleicht auch dessen besondere Merkmale in das Ohr, und das Kind malt diesen Saurier blind auf das Papier. Alle anderen Kinder raten, welchen Saurier das Bild darstellen soll.

Variante ab 4 Jahren: Die Kinder zeichnen nicht blind.

Dinosaurier-Buch

Kinder, die sich sehr für Dinosaurier interessieren, sind besonders stolz, wenn sie ihre eigene Dinosaurier-Dokumentation anfertigen können. Der Umfang des Buches hängt dabei nur von der Ausdauer der Kinder ab.

Material: Papier, Malstifte, Locher, Geschenkband
Alter: ab 6 Jahren (mit Varianten)

Jede für das Buch benötigte Seite am Rand lochen. Die Kinder bemalen jedes Blatt mit einem Dinosaurier oder einer ganzen Landschaft. Kinder, die schon schreiben können, denken sich auch Texte aus. Natürlich dürfen auf der ersten Seite die Namen der Kinder nicht fehlen. Abschließend die Blätter mit Geschenkband zusammenbinden.

Varianten: Mehrere Kinder gestalten ein gemeinsames Buch.
Statt Zeichnungen fertigen die Kinder Collagen an, indem sie geeignete Bilder aus Zeitschriften oder Kopien der Illustrationen in diesem Buch ausschneiden, aufkleben und eventuell ausmalen.

Keulenschwänze

Euoplocephalus, der zu den Ankylosauriern gehörte, besaß am Schwanzende eine Keule. Sie bestand aus zwei größeren und zwei kleineren Knochenplatten, die miteinander sowie mit den letzten Schwanzwirbeln verwachsen waren. Je eine größere und eine kleinere Knochenplatte zusammen waren schwerer und größer als der Kopf eines Kindes. Der Schwanz war sehr steif und konnte durch seitliche Muskeln hin und her bewegt werden, um mit der Keule auszuholen und zuzuschlagen.

Material: 2 Eimer oder flache Schüsseln, 2 Kissen
Alter: ab 4 Jahren

Die beiden Gefäße in etwa einem Meter Abstand umgedreht auf den Boden legen. Zwei Kinder „bewaffnen" sich mit den Kissen und stellen sich auf die Eimer oder Schüsseln. Sie schlagen sich gegenseitig mit den Kissen von den Gefäßen herunter. Wer zuerst das Gleichgewicht verliert und den Boden berührt, hat den Kampf leider verloren.

Guten Tag, Frau Saurus

Bei diesem Spiel müssen sich die Kinder einiges merken. Es ist deshalb gut, wenn die Gruppe nicht all zu groß ist.

Material: keins
Alter: ab 4 Jahren

Die Kinder bilden einen Stehkreis. Jedes Kind sagt der Gruppe, welcher Dinosaurier es sein möchte; die anderen Kinder merken sich, wer wer ist. (Die Spielleitung kann das Spiel vereinfachen, indem sie nur zwei oder drei verschiedene Dinosaurier zur Auswahl vorgibt.)
Ein Kind läuft außen um den Kreis herum, tippt ein weiteres Kind an und rennt los; das angetippte Kind rennt sogleich in die Gegenrichtung. Begegnen sich die Kinder, halten sie an, reichen sich die Hand und begrüßen sich mit „Guten Tag, Herr ...saurus" oder „Guten Tag, Frau ...saurus". Beide dürfen erst weiter rennen, wenn ihre Begrüßung stimmt.
Wer zuerst an der Kreislücke ankommt, nimmt den Platz im Kreis wieder ein; das andere Kind sucht sich einen neuen Partner...

Rummsköpfe

Pachycephalosaurier besaßen eine extrem verdickte Schädelplatte, weil sie vermutlich bei Paarungskämpfen wie die heutigen Bergschafe mit gesenkten Köpfen aufeinander los gingen und die Schädel gegeneinander rammten. Dabei zogen sie sich weder eine Gehirnerschütterung zu noch brachen sie sich das Genick! Die Wirbel der Wirbelsäule waren extra so gebaut, dass die Wucht des Zusammenpralls auf Schwanz und Beine abgeleitet war. Der Sieger bei den Paarungskämpfen durfte sich mit dem oder den umkämpften Weibchen paaren.

Material: für jedes Kind ein hart gekochtes Ei, Wachsmal- oder Filzstifte oder Wasser- bzw. Fingerfarben
Alter: ab 4 Jahren

Der Pachycephalosaurus hatte um die Schädeldecke herum einen Kranz von Knochenhöckern. Einen solchen Kranz malen die Kinder um das dicke Ende des Eies herum auf – und ein Gesicht braucht der Dinosaurier selbstverständlich auch.
Haben alle ihr Ei bemalt, beginnt das Turnier: Jeweils zwei Kinder schlagen ihre Eier mit dem dicken Ende aneinander. Wessen Ei zerbricht, scheidet aus. Das Kind, dessen Ei als Letztes noch nicht zerbrochen ist, wird zum allerbesten Pachycephalosaurus aller Zeiten ernannt!

Apfel-Schnappen

Ein Rätsel stellen für die ForscherInnen die Stummelarme von Tyrannosaurus rex dar. Troodon und Oviraptor konnten vermutlich mit ihren langen Armen und Greifhänden ihre Nahrung zum Maul führen; die Arme von T. rex waren dazu viel zu kurz. Tyrannosaurus musste sich daher beim Fressen zu seiner Mahlzeit hinunter beugen.

Material: eine Schüssel mit Wasser, Äpfel
Alter: ab 3 Jahren (mit Spielvariante)

Einen Apfel in einer Schüssel mit Wasser schwimmen lassen. Ein Kind verschränkt die Hände hinter dem Rücken und versucht, ohne sie zur Hilfe zu nehmen, in den Apfel zu beißen.

Variante: Eine Schnur am Apfelstiel festknoten und den Apfel in Kinder-Augenhöhe aufhängen, so dass er frei schwingt. Wieder sollen die Kinder in den Apfel beißen, ohne die Hände zu gebrauchen.

Stummelarme

Da die Arme von Tyrannosaurus so kurz waren, spielten sie keine Rolle für das Halten des Gleichgewichts. Alle Körperbewegungen musste der Saurier über den Schwanz ausbalancieren. Dennoch besaßen die Arme eine starke Muskulatur. WissenschaftlerInnen vermuten deshalb, dass Tyrannosaurus sich mit Hilfe der Arme aus dem Liegen hochstemmte.

Material: alle Dinge, mit denen sich ein Hindernis-Parcours aufbauen lässt, also zum Beispiel Tische, Stühle, Kartons, Bänke, Röhren, Kissen, Seile...
Alter: ab 3 Jahren

Einen dem Alter der Kinder angepassten Hindernis-Parcours aufbauen.
Alle Kinder stecken die Hände in die Hosentaschen oder den Hosenbund oder verschränken die Arme vor der Brust (in diesem Fall können sie auf dem Parcours die Ellenbogen zur Hilfe nehmen).
Gelingt es, den Parcours zu meistern, ohne die Arme zu gebrauchen?

Wärme mich

Stegosaurier nutzten ihre charakteristischen Knochenplatten wahrscheinlich als Wärmetauscher. Die Knochenplatten waren unter einer dünnen Haut gut durchblutet. War dem Stegosaurus kalt, drehte er sich so zur Sonne, dass sie voll auf die Breitseiten der Platten schien. Die Sonne wärmte das Blut unter der Haut und damit den ganzen Körper. War ihm zu warm, drehte er der Sonne nur die schmalen Seiten zu. Da die Knochenplatten versetzt angeordnet auf dem Rücken saßen, konnte auch der Wind gut hindurch ziehen und die Haut kühlen. Die Knochenplatten hatten wahrscheinlich auch noch andere Aufgaben, zum Beispiel beim Balzverhalten und bei der Verständigung der Tiere untereinander.

Material: Äste, Taschenmesser, schwarze Pappe, Schere
Alter: ab 5 Jahren

Die Spielleitung spaltet die Äste an ihrem oberen Ende. Die Kinder schneiden aus der schwarzen Pappe Stücke in der Form der Knochenplatten (grob dreieckig oder rautenförmig) aus, klemmen sie in die Spalten ein und stecken die Äste in den Boden. Dabei sollten die Äste so gedreht sein, dass die Sonne entweder auf die Breitseite oder die Schmalseite der Pappe trifft. Nach einiger Zeit können die Kinder fühlen, welche Pappen sich stärker erwärmt haben. Den Versuch können Kinder auch am eigenen Leibe machen, indem sie sich mit dem Rücken oder mit der Schulter zur Sonne drehen.

Dino-Quiz

Material: Papier und Stifte, Straßenkreide, zwei Seile oder Äste
Alter: ab 7 Jahren (Variante ab 5 Jahren)

Die Spielleitung teilt die Kinder in zwei oder mehr Gruppen ein; in jeder Gruppe sollten mindestens fünf Kinder sein. Jede Gruppe überlegt sich so viele Dinosaurier-Fragen mit den richtigen Antworten, wie Kinder in einer Gruppe sind, und schreibt sie auf. Auf einem Außengelände legt die Spielleitung Start- und Ziellinie fest und markiert diese mit Straßenkreide, Seilen oder Ästen. Start- und Ziellinie sollten ebenfalls so viele große Schritte voneinander entfernt sein, wie Kinder in einer Gruppe sind.

Die Gruppen versammeln sich an der Startlinie. Abwechselnd liest jede Gruppe eine Frage vor. Aus jeder anderen Gruppe, die eine richtige Antwort gibt, darf ein Kind einen – möglichst großen – Schritt nach vorn machen (beim ersten Mal von der Startlinie aus, dann immer vom jeweils vordersten Kind der eigenen Gruppe aus). Jedes Kind bleibt während des restlichen Spiels auf seiner Position stehen. Benötigt eine Gruppe mehr Schritte, als Kinder darin sind, rücken die Kinder von hinten nach vorne nach. Die Gruppe, die zuerst die Ziellinie überschreitet, hat gewonnen. (Da die Kinder versuchen Riesenschritte zu machen, sollten nicht alle Kinder mit langen Beinen in einer Gruppe sein!)

Variante ab 5 Jahren:
Die Spielleitung denkt sich altersgemäße Fragen aus und stellt sie. Mögliche Fragen könnten sein:

Sind Flugsaurier/Meeressaurier Dinosaurier? *(nein)*

Was frisst ein Tyrannosaurus/ ein Diplodocus? *(Fleisch/Pflanzen)*

Wie viele Hörner hat ein Triceratops? *(drei)*

Wie verteidigt sich ein Ankylosaurus? *(er schlägt mit seiner Schwanzkeule)*

Wer war größer: ein Brachiosaurus oder ein Stegosaurus? *(Brachiosaurus)*

Nenne einen Dinosaurier mit einem langen Hals. *(z. B. Diplodocus, Apatosaurus = Brontosaurus, Brachiosaurus)*

Wie läuft ein Krokodil/ ein vierfüßiger Dinosaurier? *(mit abgewinkelten Beinen/mit den Beinen unter dem Körper)*

Nenne einen Pflanzen fressenden/Fleisch fressenden Dinosaurier. *(z. B. Stegosaurus, Brachiosaurus/Tyrannosaurus, Velociraptor)*

Welche Dinosaurier stoßen sich mit den Köpfen? *(Pachycephalosaurier)*

Wie klein war der kleinste Dinosaurier? *(wie ein Huhn)*

Wer ist schneller, ein Apatosaurus oder ein Struthiomimus? *(Struthiomimus)*

Eierdieb und Gute Mutter

Verhalten der Dinosaurier

Es ist sehr schwierig aus den fossilen Überresten der Dinosaurier auf ihr Verhalten zu schließen. Tiere weisen ja nicht nur körperliche Merkmale auf, die sich am Knochenbau oder an der Form der Zähne ablesen lassen. Sie verfügen auch über ein breites Spektrum an Verhaltensformen bei der Nahrungssuche, der Brutpflege, bei Angriff und Verteidigung und bei der Partnersuche.

Allerdings gehört zu einer bestimmten Verhaltensweise oft auch ein bestimmter Körperbau: Paradiesvögel mit ihrem herrlichen Gefieder, mit dem sie bei der Balz die Weibchen für sich zu gewinnen versuchen, Hirsche, die mit ihrem Geweih über die Herrschaft im Rudel kämpfen, und Igel, die sich bei Gefahr zusammenrollen zu einem mit über 5.000 Stacheln bedeckten Ball, sind nur einige Beispiele dafür.

Doch woran können ForscherInnen erkennen, ob ein Tier als Einzelgänger lebte oder in einer Herde? Oder ob ein Tier versuchte mit auffallenden Hautfärbungen die Aufmerksamkeit eines Weibchens auf sich zu ziehen? Ob Dinosaurier brüteten? Auch hier behelfen sich WissenschaftlerInnen wieder, indem sie unter den heute lebenden Tieren nach Vergleichsmöglichkeiten suchen.

Die Paarung

Aus biologischer Sicht hängt der Erfolg eines Lebewesens davon ab, ob es zur Paarung und Fortpflanzung gelangt. ForscherInnen gehen deshalb davon aus, dass die Dinosaurier viele verschiedene Verhaltensweisen entwickelten, um sich zu paaren und ihre Jungen aufzuziehen. Die Weibchen bevorzugten dabei – wie auch heute noch im Tierreich – solche Männchen, die sich am besten präsentierten; wenn die Männchen um die Weibchen rivalisierten, gewann derjenige, der seine Gegner im Kampf oder durch Drohgebärden in die Flucht schlagen konnte.

TROODON

Farben könnten eine wichtige Rolle gespielt haben. Die Horndinosaurier – so glauben ForscherInnen – signalisierten mit ihren womöglich grell gefärbten gewaltigen Nackenschilden, ob sie paarungs- oder kampfbereit waren. Manche WissenschaftlerInnen vermuten, dass die Männchen kämpften, indem sie sich gegenseitig mit den Nackenschilden wegdrückten. Möglich wäre auch, dass sie ihre Hörner im Kampf einsetzten. Bei Protoceratops, einem Horndinosaurier, waren die Halskrausen bei den Männchen unterschiedlich groß. Es könnte also sein, dass eine große Halskrause einem Weibchen mehr imponierte als eine kleine. Auch in diesem Falle war die Halskrause sicher bunt gefärbt, um die Aufmerksamkeit des Weibchens auf das Männchen zu lenken.

Die Pachycephalosaurier setzten beim Kampf um die Weibchen ihre runden Schädel ein, indem sie sie aneinander stießen. Die Schädeldecke und die Wirbelsäule waren so konstruiert, dass die Tiere sich beim Kampf keinen Schaden zufügen konnten. Ein Tier, das zwar einen Kampf gewinnen würde, aber danach so stark verletzt wäre, dass es sich nicht mehr paaren könnte, wäre aus biologischer Sicht der Verlierer. Und auch der Art als Ganzem wäre geschadet, wenn viele Männchen dadurch umkämen. Es kommt daher in der Natur nur sehr selten vor, dass sich Tiere gleicher Art ernsthafte Verletzungen zufügen.

Neben den Farben könnten die Männchen auch mit bestimmten Bewegungen und Lauten die Weibchen umworben haben. Einige ForscherInnen vermuten, dass die Hadrosaurier ihre Schwänze rhythmisch hin und her schwangen, um die Weibchen zur Paarung anzuregen. Die Entenschnabelsaurier hatten auf dem Kopf verschieden geformte, wahrscheinlich ebenfalls leuchtend bunte Knochenkämme, die im Innern von Gängen durchzogen waren. Mit ihnen konnten sie Töne von sich geben, die denen einer Trompete oder Posaune glichen. Töne dürften nicht nur bei den Hadrosauriern eine Rolle gespielt haben. Fast alle Dinosaurier hatten nämlich ein gutes Gehör, wie WissenschaftlerInnen am Bau der Gehörknochen feststellten. Wahrscheinlich konnten die Dinosaurier sogar Töne in hohen Frequenzen hören wie die heutigen Singvögel.

Die Aufzucht der Jungtiere

Wie die Reptilien legten die Dinosaurier Eier. Die Maiasaura („Gute-Mutter-Echse") zogen in gewaltigen Herden jedes Jahr zu den gleichen Brutplätzen. Dort legten sie wahrscheinlich Schlammnester von etwa zwei Metern Durchmesser und einem Meter Tiefe an. In diese Nester legten sie bis zu 20 Eier. Maiasaurier waren friedliche Pflanzenfresser, die sich gegen Raubtiere nicht verteidigen konnten. Die großen Nistkolonien boten den Tieren daher wahrscheinlich einen gewissen Schutz gegen Raubsaurier und Eierdiebe. Auch einige heute lebende Vögel wie Pinguine und Möwen nisten in Brutkolonien und warnen sich gegenseitig bei Gefahr. Der Vergleich geht noch weiter: Wie alle brütenden Vögel ließen die Maiasaurier zwischen ihren Nestern einen Mindestabstand von etwa einer Körperlänge. Einige WissenschaftlerInnen folgern daraus, dass auch Maiasaurier ihre Nester bebrüteten. Es könnte jedoch auch sein, dass die Maiasaurier ihre Nester mit verrottenden Pflanzen abdeckten, um die Eier warm zu halten.

Wenn die Jungen schlüpften, waren sie etwa 30 Zentimeter groß (ein erwachsenes Tier erreichte eine Länge von neun Metern). Junge Maiasaurier waren Nesthocker, d.h. sie konnten das Nest nicht sofort verlassen, sondern wurden dort von ihren Eltern versorgt. WissenschaftlerInnen vermuten dies, weil die Beinknochen fossiler Maiasaura-Junge noch nicht voll ausgebildet waren, ihre Zähne aber schon Spuren von Abnutzung zeigten. Sie bekamen also schon feste Nahrung von ihren Eltern, bevor sie laufen konnten.

Als Nesthocker waren die Jungtiere besonders gefährdet. Wenn die Eltern auf Nahrungssuche waren, war der Weg frei für Flugsaurier und Eierdiebe. So baute Troodon, ein relativ kleiner, aber sehr flinker Raubsaurier, sein Nest häufig in der Nähe von Maiasaura-Nistkolonien.

Nicht alle Dinosaurier sorgten für ihre Jungen. Diese Dinosaurier legten meist recht viele Eier, damit mehr Jungtiere durchkamen. (Fische und Insekten verfolgen ebenfalls häufig diese Überlebensstrategie.) Die Jungtiere waren sofort nach dem Schlüpfen auf den Beinen, konnten sich selbst versorgen und hielten sich vermutlich in Gruppen zusammen, um das Risiko des Einzelnen gefressen zu werden, zu verringern.

Jungtiere mit ihrer geringen Größe sind durch Raubtiere stärker gefährdet als ausgewachsene Tiere. Herdentiere wie Triceratops oder die Sauropoden nahmen ihre Jungtiere auf den langen Wanderungen der Herde meist in die Mitte; dies zeigen fossile Fußspuren. Wenn Gefahr drohte durch einen großen Raubsaurier, könnten die ausgewachsenen Tiere einen Schutzwall um die Jungen herum gebildet haben, bereit zur Verteidigung, wie dies heute auch Büffel tun.

Jäger und Gejagte

Doch auch ausgewachsene Tiere brauchten Verteidigungsmöglichkeiten gegen Fressfeinde. Die Ankylosaurier entwickelten mit der Zeit ihre schwere Körperpanzerung. Zusätzlich, so vermuten ForscherInnen, duckten sie sich auf den Boden, um ihre weiche Unterseite zu schützen. Iguanodon besaß auf dem Daumen einen spitzen Hornstachel, den er zur Verteidigung einsetzte. Die Stegosaurier hatten einen stachelbewehrten Schwanz. Aber je mehr Verteidigungsstrategien die Pflanzenfresser entwickelten, desto mehr mussten die Raubsaurier dem entgegenhalten. Es kam zu einem richtigen Wettrüsten. Je stärker sich die Beutetiere mit Knochenplatten, Hörnern und Dornen schützten, desto gefährlichere Zähne und Krallen entwickelten die Raubsaurier. Auch Größe bietet Pflanzenfressern einen Schutz vor Raubtieren. Doch auch hier: Je größer die Beutetiere wuchsen, desto größer wurden auch viele Raubsaurier.

Andere Raubsaurier jagten stattdessen im Rudel. ForscherInnen fanden Fossilien von einem Deinonychus-Rudel und einem Pflanzenfresser, die bei einem Kampf ums Leben gekommen waren. Das Leben in einem Verband setzte sicherlich eine große Menge sozialer Verhaltensweisen voraus. Wie bei heute lebenden Tieren gab es bei den Dinosauriern vermutlich eine Rangordnung mit Unterwerfungsgesten, Neugier und Lernen durch Nachahmung sowie Territorialverhalten. Doch wie diese Verhaltensweisen im Detail aussahen, können WissenschaftlerInnen nur spekulieren.

Die Dinosaurier-Geschichte

Lea und Simon haben Besuch. Tante Alice ist mit ihren Kindern Max und Phillip zum Kaffetrinken gekommen. Es gab Nusskuchen mit Schokostreuseln obendrauf; den hatte Simon sich gewünscht, weil es sein Lieblingskuchen ist. Dann waren die Kinder im Kinderzimmer verschwunden und hatten dort mit Leas Dinos gespielt und ihnen eine Urzeit-Landschaft aus Bauklötzen und Duplo-Steinen gebaut. Doch jetzt ist Lea und den anderen langweilig und sie kommen ins Wohnzimmer.

„Was ist denn mit euch los?", fragt Leas Mutter. „Habt ihr schon zu Ende gespielt?" – „Hmm", nickt Lea, und Phillip fragt: „Dürfen wir raus auf den Spielplatz?" Genau in diesem Moment fängt es draußen heftig an zu regnen und Tante Alice schüttelt den Kopf. „Gleich, wenn es nicht mehr so doll regnet, könnt ihr auf den Spielplatz, ja?" Sie sieht, wie die Kinder enttäuscht eine Schnute ziehen, und lächelt. „Was habt ihr denn gerade gespielt?", fragt sie. Max erzählt eifrig von den Dinosauriern und der tollen Landschaft. Die beiden Frauen gehen mit ins Kinderzimmer und bewundern die Urwelt. „Da fällt mir etwas ein, was wir zusammen spielen können", sagt Tante Alice, „kommt, setzt euch!"

Alle setzen sich um die Urzeit-Landschaft herum auf den Fußboden. Tante Alice erklärt das Spiel: „Wir erzählen uns jetzt eine Dinosaurier-Geschichte. Ich fange an und erzähle den Anfang. Danach geht es dann im Kreis weiter; jeder von euch darf die Geschichte ein bisschen weiter erzählen. Habt ihr Lust?" Alle Kinder nicken aufgeregt. „Also gut, dann fangen wir an." Tante

73

Alice zögert und schließt für einen Augenblick die Augen. Die Kinder können richtig sehen, wie sie sich einen schönen Anfang überlegt. Als sie die Augen wieder öffnet, lächelt sie und erzählt:

„Es war einmal ein Dinosaurier-Weibchen. Ich weiß nicht, wie diese Sorte Dinosaurier heißt, aber das Weibchen war viel größer als wir und es lief auf den Hinterbeinen. Am allerliebsten fraß es junge grüne Blätter und Beeren und es lief den ganzen Tag von einem Gebüsch zum nächsten, um sich sein Lieblingsfutter zu holen. Aber an einem ganz bestimmten sonnigen Tag bleibt es plötzlich stehen und denkt: „Komisch, ich habe Lust zu graben! Warum nur?" Tante Alice hält inne und lächelt Max an. „Jetzt bist du dran", sagt sie. Max wackelt aufgeregt mit dem Popo auf dem Teppich herum. „Also", sagt er, „das Dinosaurier-Weibchen hat an den Füßen ganz lange Krallen und mit denen wühlt es in der Erde herum und gräbt ein Loch, aber dann ist in der Erde ein großer Stein und das Weibchen stößt sich ganz schlimm den Zeh und das tut ganz doll weh. Und da geht das Weibchen lieber irgendwohin, wo es nur Sand gibt, und da gräbt sie ein Loch, das ist so tief, dass sie gar nicht mehr rausgucken kann." Und Max schaut erwartungsvoll seine Tante an, denn die ist jetzt an der Reihe.

„Du machst es mir aber ganz schön schwer", sagt sie zu Max und überlegt einen Moment. Dann erzählt sie weiter: „Als das Dinosaurier-Weibchen das Loch fertig gegraben hat, fällt ihr endlich ein, für was sie es braucht. Sie legt zehn wunderschöne weiße, runde Eier auf den Boden der Grube. Als sie versucht wieder aus dem Loch herauszuklettern, rutscht Sand auf die Eier und deckt sie zu. Das gefällt dem Dinosaurier-Weibchen. „Da findet sie niemand", denkt sie, „vor allem keiner von den widerlichen, gefräßigen Raubsauriern." Und weil das Graben sie so schrecklich hungrig gemacht hat, geht sie los und sucht ihre Lieblingsbeeren." Die Mutter nickt Lea zu, die nun an der Reihe ist.

„Das Dinosaurier-Weibchen findet einen Busch, der hängt voll mit den allersüßesten Beeren und die frisst sie alle auf", erzählt Lea sofort weiter. „Aber einen Zweig mit den größten Beeren dran nimmt sie mit zu dem Nest, das sie gegraben hat. Und als sie dahin kommt, da wackelt es im Sand und ihre zehn Dinosaurier-Babys krabbeln aus dem Loch raus. Und die Mama gibt den Babys die Beeren und die fressen alles auf."

„Jetzt ich!", ruft Phillip aufgeregt. „Also, die Babys fressen gerade, da knackt es im Gebüsch und ein riesiger Raubsaurier kommt heraus. Der ist noch viel größer als die Dinosaurier-Mama und er hat riesige scharfe Zähne. Er brüllt ganz laut, aber die Dinosaurier-Mama ist mutig und stellt sich vor ihre Kinder. Und..." Und da klingelt es an der Tür. Die Nachbarskinder fragen, ob Lea und Simon mit auf den Spielplatz kommen. Natürlich wollen alle mit. Dass es inzwischen aufgehört hat zu regnen, haben die Kinder während der Geschichte gar nicht gemerkt.

Was hätten Phillip und Simon wohl noch erzählt?

Aufgabe: *Erzählt die Geschichte zu Ende und malt ein Bild dazu!*

Nistplatz-Suche

Einige Saurier-Arten kehrten wahrscheinlich jährlich zu den gleichen Nistplätzen zurück. Wie bei den heutigen Vogelkolonien könnte es zu heftigen Kämpfen um die besten Nistplätze oder das Nestmaterial gekommen sein.

Material: keins
Alter: ab 5 Jahren

Die Kinder sitzen im Stuhlkreis bis auf ein Kind, das in der Mitte steht. Jedes Kind gehört zu einer Saurier-Art (zum Beispiel Maiasaura, Oviraptor, Flugsaurier und Protoceratops); die Anzahl der Kinder in jeder Gruppe sollte ungefähr gleich sein und die Gruppen durchmischt im Kreis sitzen.
Das Kind in der Mitte ruft den Namen einer Gruppe aus. Alle Mitglieder dieser Gruppe müssen aufspringen und sich einen neuen Nistplatz suchen. Auch das Kind in der Mitte bemüht sich um einen Platz. Ein Kind bleibt übrig und darf die nächste Gruppe ausrufen.

Misthaufen

Dinosaurier, die nicht brüteten, bedeckten wahrscheinlich ihre Nester mit Laub und anderem organischen Material. Wenn dieses verrottete, entstand Wärme, und die Eier kühlten nicht aus. Einige heute lebende Vögel testen die Temperatur eines solchen Nisthügels mit dem Schnabel und entfernen Material, wenn es in dem Hügel zu heiß wird.

Material: Komposthaufen, langes Thermometer
Alter: ab 6 Jahren

Die Kinder messen mit einem langen Thermometer die Temperatur innerhalb eines Komposthaufens und die Lufttemperatur und besprechen die Unterschiede.

Eierdieb

Eier sind eine nährstoffreiche Nahrung, da sie alles enthalten, was ein Embryo zu seinem Wachstum braucht. Viele Tiere fressen daher Eier, wann immer sie ihrer habhaft werden können.

Material: mit Wasser gefüllte Spritzflasche, ein Dinosaurier-Ei (siehe Kapitel „Ausgrabungen") oder einen Ersatzgegenstand, eventuell eine Augenbinde
Alter: ab 5 Jahren

Die Spielleitung bestimmt ein Kind, das Maiasaura sein darf. Die anderen Kinder bilden einen Kreis um den Dinosaurier. Maiasaura beschützt ihr Ei, das zu ihren Füßen liegt, und bekommt die mit Wasser gefüllte Spritzflasche. Sie muss allerdings die Augen schließen und darf sich nur auf ihr Gehör verlassen. (Bei älteren Kindern ist vielleicht eine Augenbinde angebracht!) Im Kreis bestimmt die Spielleitung mit Gesten jeweils ein Kind, das sich als Eierdieb anschleichen darf. Alle anderen müssen ganz ruhig sein. Wenn Maiasaura den Eierdieb hört, darf sie in die Richtung des Geräusches mit dem Wasser spritzen. Wenn der Eierdieb erfolgreich war, ist er die nächste Maiasaura.
Hinweis: Für dieses Spiel sind nicht alle Böden gleich geeignet. Ein Waldboden mit raschelndem Laub oder ein Untergrund aus knirschenden Steinen eignet sich besser als eine asphaltierte Fläche oder eine Wiese, auf denen Schritte keine Geräusche machen.

Schützt das Junge

Herdentiere schützen ihre Jungen auf verschiedene Weisen. Zum Beispiel bilden bei Elefanten die ausgewachsenen Tiere einen Kreis und nehmen die Jungtiere in die Mitte. ForscherInnen vermuten, dass sich so auch Triceratops verhalten hat. Andere Tiereltern stellen sich bei Gefahr schützend vor ihr Junges. In diesem Fall können sie es vor einem einzelgängerischen Raubtier schützen, nicht aber vor einem Rudel Fleischfresser.

Material: keins
Alter: ab 5 Jahren

Die Kinder bilden einen Kreis und fassen sich an den Händen. Die Spielleitung bestimmt einen Fleischfresser, der sich außerhalb des Kreises aufstellt, und ein Jungtier, das dem Fleischfresser gegenüber steht als ein Teil des Kreises. Der Raubsaurier versucht, das Jungtier zu berühren und damit „aufzufressen". Die Kinder im Kreis beschützen das Junge, indem sie sich mit dem Fleischfresser bewegen und das Junge von ihm wegdrehen.

Leit-Dino

Die heute lebenden Herdentiere – und wahrscheinlich auch die Dinosaurier, die in Herden lebten – folgen meist aus ihrem Herdentrieb heraus einem Leittier. Dabei muss es sich nicht immer um das gleiche Tier handeln; in einem Vogelschwarm zum Beispiel wechseln die Leitvögel mehrmals während eines Fluges.

Material: keins
Alter: ab 5 Jahren (mit Variante für Kinder ab 3 Jahren)

Die Spielleitung ernennt ein Kind zum Leit-Dino. Der Leit-Dino macht Bewegungen vor, während er seine Herde über einen Spielplatz oder einen Weg führt, und die Herde macht alles nach. Nach einiger Zeit ist ein anderes Kind als Leit-Dino an der Reihe.

Variante ab 3 Jahren: Tier- und Menschenkinder lernen von ihren Eltern. Ein Kind ist im Spiel Vater oder Mutter und führt pantomimisch vor, wie ganz alltägliche Dinge wie zum Beispiel Zähne putzen, eine Banane essen oder Schuhe anziehen gemacht werden. Die anderen Kinder ahmen Mutter oder Vater nach.

Stampede

Unter Stampede versteht man die wilde Flucht einer in Panik geratenen Herde. Die Tiere stürmen blindlings dahin und folgen ihrem Leittier. Western-Fans kennen eine Stampede aus Filmen bei Büffeln, Rinder- und Pferdeherden. Aber auch große Dinosaurier-Herden könnten mit einer Stampede reagiert haben, wenn sie vor etwas erschraken.

Material: keins
Alter: ab 5 Jahren

Die Kinder bilden einen engen Stuhlkreis. Die Arme der Kinder sollten sich berühren. Die Spielleitung sitzt mit im Kreis und erzählt eine Geschichte über eine Herde von Dreihörnern, bei der zum Beispiel ein Blitz oder ein klitzekleines Tier eine Stampede auslöst. Wichtig ist dabei weniger die Geschichte selbst, als vielmehr die Bewegungen der Herdentiere. Die Kinder setzen die Bewegungen der Tiere im Spiel um: Schnelles oder langsames Klatschen mit den Händen auf die Oberschenkel symbolisiert die Laufgeschwindigkeit der Tiere; läuft die Herde nach links oder rechts, beugen alle den Oberkörper in die entsprechende Richtung; bei einem Hindernis springen die Kinder in die Luft oder bücken sich. Je mehr Tempo in der Geschichte ist, desto mehr Spaß haben die Kinder!

Was huscht im Dunkeln?

Sicherlich gab es in den nächtlichen Wäldern des Erdmittelalters Jäger und Gejagte. ForscherInnen vermuten, dass einige Säugetiere, die zur Zeit der Dinosaurier lebten, nachtaktiv waren, ebenso wie einige kleine Raubsaurier. Die Suche nach Nahrung geriet so zu einer lebensgefährlichen Angelegenheit.

Material: keins
Alter: ab 5 Jahren (mit Spielvariante)

Die Spielleitung beseitigt alle Hindernisse, an denen sich die Kinder verletzen könnten, aus dem Zimmer und verdunkelt es völlig. Die Kinder teilen sich in zwei Gruppen und stellen sich an benachbarten Wänden des Raumes auf. Alle Kinder versuchen, die gegenüber liegende Wand zu erreichen, ohne mit einem anderen Kind zusammen zu stoßen. Dazu müssen sie sich auf ihr Gehör verlassen. Kinder, die sich auf ihrem Weg berühren, erstarren.
Wem gelingt es, die andere Seite zu erreichen?

Variante: Bei dieser Spielvariante müssen die Kinder besonders leise sein und gut lauschen: Alle Kinder stehen an einer Seite des verdunkelten Raumes, nur ein Kind steht als Tyrannosaurus an der gegenüber liegenden Wand. Auf ein Zeichen schleichen die Kinder los. Der Raubsaurier berührt möglichst viele Kinder auf ihrem Weg. Diese bleiben daraufhin erstarrt stehen.

Velociraptor

Raubsaurier mussten sich unbemerkt anschleichen, bis sie möglichst dicht an ihrer Beute waren, und dann plötzlich zuschlagen. Die Beutetiere mussten ihrerseits über ein gutes Reaktionsvermögen verfügen, um schnell flüchten zu können.

Material: pro Kind ein Papierzettel, Stift, Spielfeldmarkierung
Alter: ab 5 Jahren

Die Zettel mit einem Kreis, einen einzigen Zettel mit einem Kreuz beschriften. Spielfeld markieren, aus dem die Kinder nicht herauslaufen dürfen.
Jedes Kind zieht geheim einen Zettel; das Kind, das das Kreuz zieht, ist der Velociraptor, darf sich aber nicht zu erkennen geben.
Alle Kinder bewegen sich langsam innerhalb des Spielfelds und bemühen sich, zu den anderen Abstand zu halten, denn sie wissen ja nicht, welches Kind der Velociraptor ist. Der Velociraptor seinerseits versucht sich unauffällig einem anderen Kind zu nähern, brüllt plötzlich auf und spurtet los, um seine Beute zu fangen, die natürlich so schnell sie kann wegrennt.
Das Spiel ist beendet, wenn der Velociraptor seine Beute gefangen hat – oder aufgibt! Für die nächste Spielrunde müssen die Kinder erneut die Zettel ziehen.

Siebter Sinn

Kleine Pflanzen- und Insektenfresser mussten immer auf der Hut sein vor Fleisch fressenden Sauriern. Alle Sinne mussten auf das Äußerste gespannt sein, um nicht gefressen zu werden.

Material: keins
Alter: ab 5 Jahren (Variante ab 7 Jahren)

Alle Kinder bis auf eines stehen mit geschlossenen Augen im Kreis. Das einzelne Kind schleicht als Raubsaurier leise um den Kreis und bleibt hinter einem anderen Kind stehen. Hat ein Kind im Kreis das Gefühl, dass der Raubsaurier hinter ihm steht, fragt es „Willst du mich fressen?". Ist der Raubsaurier nicht da, bekommt es keine Antwort, fragt jedoch das richtige Kind, antwortet der Raubsaurier mit einem „Ja" und die beiden tauschen die Plätze.

Variante ab 7 Jahren: Steht der Raubsaurier bereits längere Zeit unbemerkt hinter seiner Beute, darf er laut brüllen und seine Beute erschrecken.

Aus welcher Richtung weht der Wind?

Raubtiere und Jäger müssen sich gegen den Wind anschleichen, damit ihre Beute sie nicht vorzeitig wittert und flieht.

Material: Sand oder Gras, eventuell kleine Fahnen, Duftöl und Taschentuch
Alter: ab 5 Jahren

An einem windigen Tag führt die Spielleitung die Kinder nach draußen. Wie können die Kinder herausfinden, aus welcher Richtung der Wind weht? Die Kinder beobachten ihre Haare und ihre Kleidung und eventuell eine Fahne, halten einen angefeuchteten Finger in die Luft und lassen Sandkörner oder Gras fallen. Anschließend reden sie über ihre Beobachtungen. Aus welcher Richtung müsste sich ein Raubsaurier bei diesem Wind anschleichen?

Um die Antwort zu testen, gibt die Spielleitung etwas Raubsaurier-Duftöl auf ein Taschentuch. Ein Kind darf als Raubsaurier das Tuch festhalten, die übrigen Kinder stellen sich in einem Kreis auf und schließen die Augen. Der Raubsaurier schleicht langsam um den Kreis herum. Welche Kinder können ihn riechen?

Urzeit-Musik

Die Luft der Kreidezeit war vermutlich erfüllt von vielen Geräuschen. Denn im Gegensatz zu den heute lebenden Reptilien, von denen bis auf die Krokodile alle stumm sind, haben die Dinosaurier – und die ersten Vögel sowie Insekten – wahrscheinlich die unterschiedlichsten Töne von sich gegeben.

Material: kurzer Stock oder Ast, eventuell Gegenstände, die Töne hervorbringen oder verfremden
Alter: ab 5 Jahren (mit Variante)

Die Gruppe überlegt gemeinsam, welches Kind welches Tier darstellt und welche Töne es von sich gibt: röhrende, pfeifende, piepsende, brüllende, jaulende, schnalzende...
Außer der Stimme können auch die verschiedensten selbst gebauten Instrumente zum Einsatz kommen: Schläuche zum Tröten, Flaschen zum Blasen oder Glasränder zum Reiben.
Die Spielleitung wählt ein Kind als Dirigenten aus, der mit seinem Dirigentenstab dem Tierchor Anweisungen gibt, welches Tier oder welche Tiere ihre Geräusche von sich geben sollen. Natürlich sollten alle Kinder einmal Dirigent sein dürfen.

Variante: Die Spielleitung kann die Urzeit-Musik auf Kassette aufnehmen und zum Beispiel als Untermalung vom Zimmer-Urwald (s. S. 29) laufen lassen. Bei einem Elternabend kann die Spielleitung auch den Eltern die Aufgabe stellen, ihr eigenes Kind anhand der Stimme aus der Aufnahme herauszuhören.

Dino-Stimmen

Dinosaurierrufe spielten wahrscheinlich wie bei heute lebenden Tieren eine wichtige Rolle bei der Partnersuche. Dabei waren die Rufe sicher so unterschiedlich wie bei den Säugetieren.

Material: je zwei gleiche Bilder von unterschiedlichen Dinosaurier-Gattungen (die Anzahl der Kinder und der Bilder sollte gleich sein)
Alter: ab 4 Jahren (Variante ab 6 Jahren)

Die Kinder überlegen gemeinsam, welche der abgebildeten Dinosaurier welchen Ton von sich gegeben haben könnten, und prägen sich diese gut ein. Jedes Kind zieht geheim ein Bild. Die Kinder stellen sich im Kreis auf. Auf das Startzeichen der Spielleitung hin geben die Kinder den Ruf des Dinosauriers auf ihrem Bild wieder und suchen gleichzeitig das Kind, das den gleichen Dinosaurier darstellt.
Das Spiel ist beendet, wenn sich alle Paare gefunden haben.

Variante ab 6 Jahren: Die Spielleitung sortiert die Bilder, so dass von jedem Dino nur noch eine Karte im Spiel ist, und teilt die Kinder in Paare auf. Von den Paaren zieht jeweils ein Kind ein Bild und zeigt es seinem Partner; diese Kinder stellen sich im Kreis auf. Ihre Partner stehen in der Mitte des Kreises und schließen die Augen. Der Kreis dreht sich einige Meter, damit die Kinder in der Mitte nicht wissen, wo ihre Partner stehen. Auf ein Zeichen der Spielleitung hin geben die Kinder im Kreis ihre Dinosaurierrufe von sich und die Kinder in der Mitte versuchen blind und nur nach dem Gehör zu ihrem Dinosaurier-Gefährten zu finden. Wenn alle Kinder aus der Mitte ihre PartnerInnen gefunden haben, wechseln die Gruppen.

Weg da!

Horndinosaurier und andere Dinosaurier-Gattungen kämpften wahrscheinlich um Weibchen oder ein Revier, indem sie sich mit den Hörnern oder Nackenschilden gegenseitig wegdrängten. Zu dem gleichen Zweck könnten auch die knöchernen Gesichtsvorsprünge von Allosaurus gedient haben.

Material: Straßenkreide
Alter: ab 5 Jahren (mit Variante)

Die Spielleitung zeichnet einen Kreis von ungefähr zwei Metern Durchmesser auf den Boden. In der Mitte stehen sich zwei Kinder auf allen Vieren gegenüber, Schulter an Schulter. Auf ein Startsignal hin versuchen sie sich gegenseitig mit den Schultern aus dem Kreis zu schieben.

Variante: Die Kinder sitzen mit dem Rücken gegeneinander im Kreis und versuchen den Gegner rückwärts aus dem Kreis zu drängen.

Dino-Brettspiel

Material: Pappe (DIN A3 oder etwas kleiner), blaues, grünes und braunes Tonpapier, verschieden farbige Klebepunkte, Stift, Schere, Kleber, kleine Dinosaurier-Spielfiguren und ein Würfel

Alter: ab 5 Jahren (ab 3 Jahren mit Hilfe eines Erwachsenen) (mit Variante)

- Auf die Pappe Tonpapier in braun, grün und blau aufkleben, um so verschiedene Landschaften anzudeuten.
- Mehrere Palmen basteln: Einen breiten Streifen grünes Tonpapier aufrollen und mit einem Stück Klebeband fixieren. Das obere Ende der Rolle rundum mehrmals etwa ein Drittel tief einschneiden, so dass Palmwedel entstehen, und diese nach außen biegen. Am unteren Ende Laschen einschneiden und die Palmen damit auf dem Spielplan festkleben.
- Für einen Vulkan einen breiten Streifen braunes Tonpapier zu einer Tüte kleben und die Spitze für die Krateröffnung etwas abschneiden. In die große Öffnung rundum Laschen einschneiden und auf dem Spielplan festkleben.
- Aus 30–50 Klebepunkten einen Weg durch die Urzeit-Landschaft markieren und dabei mit verschieden farbigen Klebepunkten Ereignisfelder markieren. Anfang und Ende mit „Start" und „Ziel" beschriften.
- Nach nebenstehendem Muster Ereigniskarten schreiben oder kopieren und ausschneiden und auf einem Stapel zum Spiel legen.

Die Kinder können das Spielfeld mit den Dinosaurier-Spielfiguren als einfaches Würfelspiel bespielen. Gelangt ein Kind auf ein Ereignisfeld, zieht es eine Karte und führt die Anweisung darauf aus.

Variante: Aus den Dino-Landschaften (s. S. 25) ein riesiges Spielfeld zusammen legen und mit bunten Pappquadraten (die nur aufgelegt werden, um die Landschaften nicht zu beschädigen) einen Weg markieren. Bei solch einem Spiel ist es schöner, wenn die Ereigniskarten die Landschaft widerspiegeln, also zum Beispiel ein Vulkanausbruch-Ereignisfeld direkt am Vulkan liegt. Raubsaurier-Spielfiguren könnten in einer Höhle auf dem Spielfeld den vorüberziehenden Spielfiguren auflauern; daneben wäre dann das Ereignisfeld: „Raubsaurier greifen an. Fliehe drei Felder zurück."

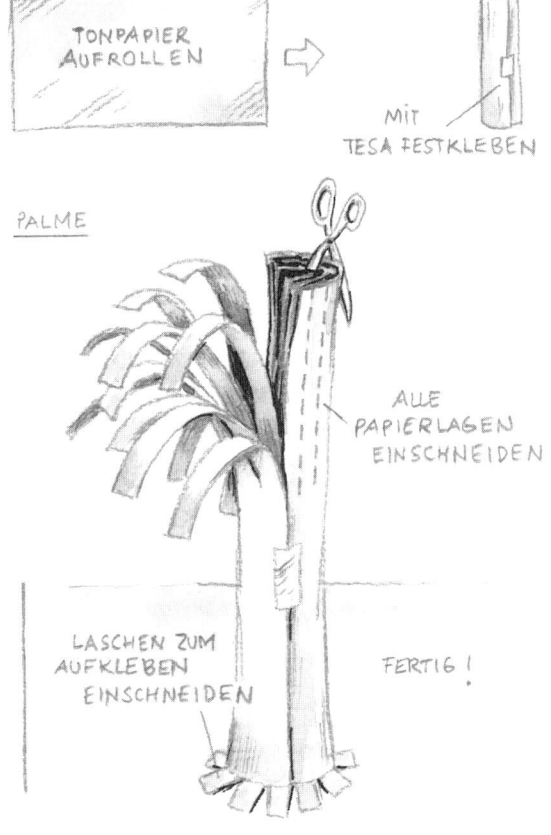

Ereigniskarten:

Dein Dinosaurier gerät in einen Sumpf und muss sich mühsam herauskämpfen.
Setze einmal aus.

Ein Tyrannosaurus greift an.
Fliehe drei Felder zurück.

Ein Fluss tritt über sein Ufer und versperrt deinem Dinosaurier den Weg.
Setze einmal aus.

Dein Dinosaurier findet besonders viel Futter.
Gehe vier Felder vor.

Ein Vulkan bricht aus und begräbt deinen Dinosaurier unter der Asche.
Gehe zurück zum Start.

Dein Dinosaurier kann sich einer Herde anschließen und kommt schneller voran.
Würfle noch einmal.

Ein Deinonychus-Rudel greift deinen Dinosaurier an.
Fliehe vier Felder zurück.

Dein Dinosaurier findet endlich Wasser zum Trinken.
Rücke zwei Felder vor.

Dein Dinosaurier legt ein Nest für seine Eier an.
Setze einmal aus.

Eine Erdspalte tut sich vor deinem Dinosaurier auf und versperrt den Weg. Gehe drei Schritte zurück.

Der Untergang der Dinosaurier

Die Dinosaurier herrschten mehr als 140 Millionen Jahre lang auf der Erde. Sie waren eine äußerst erfolgreiche Tiergruppe, die immer wieder Arten hervor gebracht hatte, die an alle Veränderungen ihrer Umwelt gut angepasst waren. Doch vor 65 Millionen Jahren, am Ende der Kreidezeit, waren die Dinosaurier plötzlich ausgestorben. In jüngeren Gesteinen haben sie keine Spuren hinterlassen.

Warum starben die Dinos aus?

Das Rätsel vom Aussterben der Dinosaurier beschäftigt die Menschen seit den ersten Dinosaurier-Funden. Die wildesten Theorien – mehr als 100 an der Zahl – wurden aufgestellt und wieder verworfen. Die Dinosaurier sollten zu groß und schwer geworden sein, so dass sie sich – vielleicht aufgrund von Problemen mit der Wirbelsäule – nicht mehr bewegen konnten. Ihr Erbgut, das genetische Material, das Eltern an ihre Kinder weitergeben, sollte schlecht gewesen sein. Außerirdische Jäger hätten sie ausgerottet. Die Dinosaurier waren gestresst, wodurch die Eierschalen zu dünn blieben und die Eier zu früh zerbrachen. Die Eierschalen wurden durch Umwelteinflüsse zu dick, so dass die Dinosaurier-Jungen die Schale nicht mehr durchbrechen konnten. Und so weiter und so weiter...

Andere Theorien klangen auf den ersten Blick plausibler. Einige ForscherInnen glaubten, dass die Säugetiere am Ende der Kreidezeit auf dem Vormarsch waren und die Eier der Saurier auffraßen. Doch Warane fressen z.B. Krokodileier, ohne die Krokodile dadurch auszurotten. Andere ForscherInnen vermuteten, dass die sich neu entwickelnden Blütenpflanzen entweder giftig oder ungenießbar waren für die Dinosaurier. Doch die Dinosaurier waren eine sehr variable und anpassungsfähige Tiergruppe: Es gibt Anzeichen, dass Dinosaurier und Blütenpflanzen eine gemeinsame Entwicklung durchmachten, bei der neue Arten von Blütenpflanzen neuen Dinosaurier-Arten als Futter dienten. Auch diese Theorien können also das Aussterben der Dinosaurier nicht befriedigend erklären.

Außerdem starben gegen Ende der Kreidezeit nicht nur die Dinosaurier aus. Auch die Meeressaurier und Flugsaurier, Ammoniten, Meereskrokodile und verschiedene Plankton-Arten und viele andere Tier- und Pflanzenarten verschwanden. WissenschaftlerInnen vermuten, dass etwa die Hälfte aller Lebewesen betroffen waren. Was konnte ein solch gewaltiges Artensterben verursacht haben?

Die Asteroiden-Theorie

Im Sommer 1980 trat der Physiker Luis Alvarez mit einer Entdeckung an die Öffentlichkeit, die neues Licht auf das Rätsel warf. In italienischen Gesteinsproben aus der Zeit des Übergangs vom Erdmittelalter zur Erdneuzeit hatte Alvarez ungewöhnlich hohe Spuren von Iridium gefunden.

Iridium kommt in der Erdkruste nur in geringen Mengen vor; Meteorite und andere Himmelskörper enthalten oftmals mehr davon. Alvarez und andere WissenschaftlerInnen untersuchten gleich alte Gesteinsproben aus der ganzen Welt, und alle enthielten erhöhte Mengen von Iridium. Außer dem Iridium fanden sie Spuren von Ruß und geschmolzenen Mineralien. Dies deutete auf eine Explosion von ungeheurem Ausmaß hin. Die ForscherInnen folgerten, dass ein Asteroid von etwa 10 Kilometern Durchmesser auf die Erde geprallt sein musste. Ein Asteroid dieser Größe, der auf der Erde mit einer Geschwindigkeit von etwa 90.000 Kilometern pro Stunde einschlug, muss eine Zerstörungskraft gehabt haben, die die aller Nuklearwaffen der Erde zusammen übertraf. Der Asteroid hätte einen Krater von 150 bis 200 Kilometern Durchmesser hinterlassen. Die Suche nach einem solchen Krater begann.

Der Einschlag und seine Folgen

Es ist nicht ungewöhnlich, dass Himmelskörper die Erde treffen. Bislang konnten ForscherInnen 131 Einschlagskrater in Asien, Australien, Europa und Nordamerika nachweisen. Doch 1991 waren die WissenschaftlerInnen sicher, den richtigen Einschlagsort gefunden zu haben: im Süden Mexikos, bei Chicxulub. Dort liegt ein Krater teils auf dem Land, teils unter Wasser. Er hat einen Durchmesser von etwa 180 Kilometern. Seine Umrisse sind auf Luftaufnahmen zu erkennen, wenn auch das ursprüngliche Gestein inzwischen unter den Gesteinsschichten der letzten 65 Millionen Jahre begraben liegt. Um den Krater herum sind die Iridium-führenden Gesteinsschichten besonders dick. Und Bohrungen im Kraterzentrum ergaben, dass das Gestein hohen Temperaturen und Drücken ausgesetzt war, eben wie beim Einschlag eines Asteroiden auf die Erdkruste.

Die Folgen des Einschlags waren nicht auf die nähere Umgebung begrenzt. Der Asteroid traf mit solcher Wucht auf die Erde, dass er verdampfte. Die Hitze setzte die Wälder in weitem Umkreis in Brand. Riesige Flutwellen breiteten sich über das Meer aus. Der Aufprall schleuderte Staub und glühendes Gestein in die Luft. Die Steine fielen in einem tödlichen Hagel wieder auf die Erde zurück, doch der feine Staub schwebte noch lange, womöglich Jahre, in der Atmosphäre. Dort blockierte er das Sonnenlicht, so dass es auf der Erde lange Zeit dunkel blieb und damit auch kalt. Pflanzen starben. Mit ihnen starben erst die Pflanzenfresser, dann die Raubtiere, da ihnen die Nahrungsgrundlage entzogen war.

Das Rätsel bleibt

An einem Asteroiden-Einschlag zweifeln heute kaum noch WissenschaftlerInnen. Trotzdem scheint er das Aussterben der Saurier und so vieler anderer Tiere und Pflanzen nicht endgültig zu erklären. Und auch die Überlebenden werfen Fragen auf: Warum starben zwar die Dinosaurier, die Flug- und Meeressaurier aus, jedoch nicht die Krokodile, Schlangen und Schildkröten?

Einige ForscherInnen sind der Ansicht, dass das große Artensterben nicht schlagartig stattfand, sondern sich über mehrere Millionen Jahre erstreckte. Ihrer Meinung nach wird die fossile Spur der Dinosaurier mit dem Ende der Kreidezeit immer dünner. Es gab zwar zahlenmäßig viele Dinosaurier, die in gewaltigen Herden durch das Land zogen, doch die Arten-Vielfalt nahm ab. Auch von den Meeres- und Flugsauriern gab es nur noch wenige Arten. Die Saurier waren auf dem absteigenden Ast.

Hinzu kamen gravierende Veränderungen in der Welt der Saurier: die Klimaänderungen gegen Ende der Kreidezeit. Das Klima auf der ganzen Erde kühlte ab, und da sich die Kontinente vom Äquator weg nach Norden und Süden verschoben, setzten Jahreszeiten ein. Neue Gebirge türmten sich auf. In der Dekka-Region Indiens kam es über 500.000 Jahre hinweg zu gewaltigen Vulkanausbrüchen. Sie begruben ein Gebiet so groß wie Alaska und Texas zusammen unter einer einen Kilometer dicken Lava-Schicht. Die Vulkanausbrüche könnten zu der Abkühlung beigetragen haben, da die herausgeschleuderte Asche das Sonnenlicht blockierte. Kälteharte Pflanzen breiteten sich aus, während die tropischen Pflanzen zum Äquator hin abgedrängt wurden. Warmblütige Säugetiere mit einem schützenden Fell nahmen den Platz der Dinosaurier ein, die ebenfalls zum Äquator abwanderten. Der Meeresspiegel fiel beträchtlich, und die gewaltigen flachen Binnenmeere der Kreidezeit trockneten aus. Dies könnte erklären, warum bei dem großen Artensterben besonders Algen (die die Grundlage der marinen Nahrungskette bilden), Ammoniten und viele andere Meeresbewohner betroffen waren, während die meisten Landpflanzen überlebten.

Trifft diese Theorie zu, dann besiegelte der Asteroiden-Einschlag nur das Schicksal einer im Wandel begriffenen Welt und ihrer Bewohner.

Die Nachkommen der Dinosaurier

Massensterben sind für WissenschaftlerInnen nichts Neues. Während der letzten 550 Millionen Jahre gab es etliche Perioden, in denen ein Großteil der damals lebenden Tiere und Pflanzen ausstarb und andere Arten aufkamen. Das vielleicht größte Artensterben ereignete sich im Erdaltertum, gegen Ende des Perms vor 248 Millionen Jahren. WissenschaftlerInnen vermuten, dass damals 95 Prozent aller Tier- und Pflanzenarten ausstarben.

Die Dinosaurier jedenfalls scheinen nicht ganz ausgestorben zu sein. Viele ForscherInnen glauben heute, dass sie noch mitten unter uns sind: klein, wendig und gefiedert. Die Vögel sind wahrscheinlich die direkten Nachkommen der Theropoden, der Raubsaurier, zu denen auch Tyrannosaurus rex gehörte.

Lea und die Eidechse

"Lea, komm mal schnell her!", ruft Leas Opa. Lea und Simon sind zu Besuch bei ihren Großeltern. Die leben auf dem Land und haben einen großen Garten hinter dem Haus. Da gibt es Kletterbäume, einen kleinen Teich mit Seerosen und Schilf und eine uralte Steinmauer, die mit Moos und Flechten bewachsen ist. Neben dieser Mauer steht Leas Opa. "Schau, Lea, eine Eidechse!", sagt er.

Lea schleicht sich vorsichtig heran. Sie weiß, dass die Eidechse sich erschreckt und wegläuft, wenn sie sich zu schnell bewegt. Da, jetzt kann Lea die Eidechse sehen. Sie glänzt in einem wunderschönen Grün und hat auf dem Rücken Streifen und Flecken in braun, weiß und schwarz. Die Eidechse liegt auf der Mauer auf einem Stein und wärmt sich in der Sonne.

"Die fühlt sich aber wohl auf eurer Mauer", flüstert Lea. "Ja", flüstert ihr Opa zurück, "unsere Mauer ist die einzige in der Nachbarschaft. Die anderen Gärten haben alle Holzzäune. Das ist nichts für Eidechsen." – "Warum nicht?", möchte Lea wissen. "Steine wärmen sich in der Sonne auf und kühlen nur langsam aus", antwortet Leas Opa. "Eidechsen brauchen die Wärme, sonst können sie sich nicht bewegen und Nahrung suchen. Außerdem brauchen sie einen Platz zum Verstecken."

In diesem Moment kommt Simon gelaufen, der auch die Eidechse sehen möchte, und husch – verschwindet sie in einem Spalt zwischen zwei Steinen. "Seht ihr", sagt Leas Opa, "jetzt hat sie sich versteckt." – "Wo versteckt sie sich denn in den Gärten mit Holzzäunen?", fragt Lea. Leas Opa schüttelt traurig den Kopf. „Dort gibt es gar keine Eidechsen, weil sie dort nicht wohnen können", seufzt er. „Wenn wir nicht die Mauer hätten, gäbe es in unserer Gegend vielleicht gar keine Eidechsen mehr." Leas Opa setzt sich auf die Bank, die neben der Steinmauer steht. „Wisst ihr, Kinder, als ich so alt war wie ihr, da gab es mehr Eidechsen, als ich zählen konnte." – „Wo sind die denn alle hin?", fragt Simon. „Die meisten sind gestorben, weil sie nicht mehr genug Nahrung und Platz zum Leben hatten. Menschen brauchen so viel Platz, da bleibt für die kleinen Eidechsen nichts mehr übrig." – „Das finde ich aber nicht schön, Opa", sagt Lea und guckt ganz traurig. „Ich auch nicht", sagt Leas Opa und nimmt sie fest in den Arm. „Weißt du, du kannst den Eidechsen helfen", sagt er. „Wie denn?", fragt Lea. „Was hältst du davon, wenn wir in den nächsten Ferien, wenn ihr bei uns seid, die Mauer noch ein Stückchen länger bauen? Da vorne, wo die Sonne so schön hin scheint. Ich besorge die Steine und gemeinsam legen wir sie aufeinander. Ist das gut?" – „Das ist prima!", strahlt Lea. „Dann können die Kinder von der Eidechse auch hier wohnen!"

Aufgabe: Male den Garten von Leas Großeltern mit allen Tieren, die dort wohnen, und ihren Behausungen!

Sturm im Wasserglas

Als der Asteroid am Ende der Kreidezeit auf die Erde prallte, schleuderte er gewaltige Mengen Erde in die Luft. Staub- und Rußteilchen schwebten wahrscheinlich jahrelang in der Erdatmosphäre und hinderten das Sonnenlicht, auf die Erdoberfläche zu treffen.

Material: ein leeres Glas mit Schraubdeckel, Erde, Wasser
Alter: ab 5 Jahren

Erde in das leere Glas füllen, mit Wasser bis zum Rand aufgießen und verschließen. Erde absetzen lassen, bevor die Spielleitung den Kindern das Glas zeigt. Die Kinder schütteln das Glas und wirbeln damit die Erde erneut auf. Durch die Schwebteilchen in der Erde dauert es einige Stunden, bis das Wasser im Glas wieder klar ist.

Krater werfen

Krater haben je nach Einschlagsobjekt, -geschwindigkeit und Einschlagswinkel unterschiedliche Formen und Tiefen.

Material: Sand oder Matsch, Steine
Alter: ab 4 Jahren

Die Kinder werfen verschieden große Steine mit Kraft in den Sand eines Sandkastens. Wer kann den größten Krater werfen? Muss das Kind sich dazu besonders anstrengen? Ist der Stein dann noch zu sehen? Wie sieht der Krater aus, wenn die Kinder die Steine eher flach werfen? Besonders gut eignet sich auch Matsch für das Krater werfen. Wie weit spritzt der Matsch beim Einschlag?

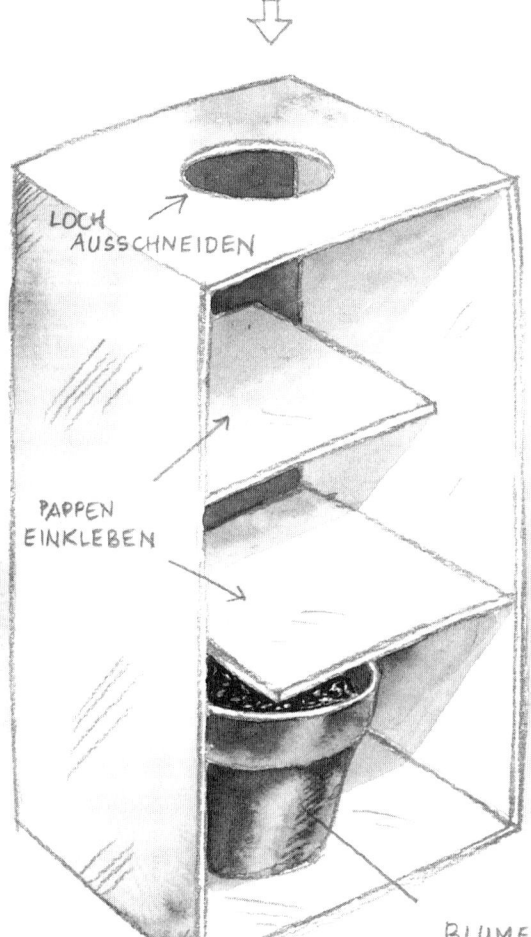

Lichtsuche

Pflanzen wachsen immer zum Licht hin, da sie zum Wachstum außer Kohlendioxid aus der Luft auch die Lichtenergie benötigen.

Material: weiße Bohnen, ein kleiner Blumentopf, Blumenerde, Karton mit Deckel, Pappe, Klebeband, Schere, Gummiband
Alter: ab 5 Jahren

Weiße Bohnen über Nacht wässern. Blumenerde in Blumentöpfe füllen und mehrere gequollene Bohnen etwa zwei Zentimeter tief in die Erde drücken, mit Erde bedecken und leicht angießen.
Aus Pappe zwei Rechtecke schneiden, die genau die Höhe des Kartons haben, aber nicht ganz so breit sind. Die Rechtecke in den Karton versetzt einkleben (siehe Abbildung). Den Karton ohne Deckel auf eine seiner Schmalseiten stellen. In die obere Schmalseite ein mittelgroßes Loch schneiden, auf die untere Schmalseite den Blumentopf setzen. Deckel auf den Karton setzen und mit einem Gummiband befestigen. Karton auf die Fensterbank stellen. Die Kinder können alle paar Tage den Karton öffnen, um die Bohnen zu gießen und zu beobachten, wie die Pflanze um die Ecken dem Licht entgegen wächst.

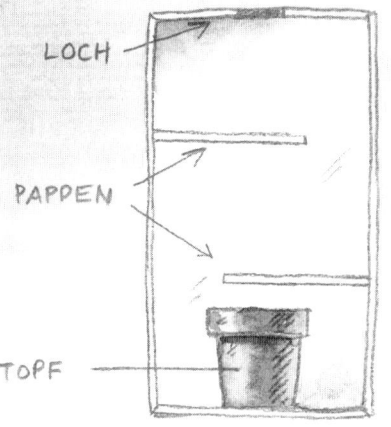

Weißes Gras

Wenn Pflanzen kein Licht mehr bekommen, bauen sie ihren grünen Blattfarbstoff, das Chlorophyll, ab. Die Pflanzen werden erst hellgrün, dann gelb und schließlich fast weiß. Dauert die Dunkelheit zu lange an, sterben die Pflanzen ab.

Material: Wiese, ein Stück alter Teppichboden, mehrere schwere Steine
Alter: ab 4 Jahren

Das Teppichbodenstück auf die Wiese legen und mit mehreren Steinen beschweren, damit es nicht davonweht bei windigem Wetter. Zwei bis drei Wochen liegen lassen. Die Kinder heben alle paar Tage die Abdeckung hoch und schauen nach, wie sich die Farbe des Grases ändert.

Leben aus dem Schlamm

Pflanzen sind erstaunlich widerstandsfähig. Viele Pflanzensamen liegen während des Winters im kalten Boden und warten auf die ersten Sonnenstrahlen und die Frühlingswärme, um dann sofort zu keimen. Manche Samen können mehrere Jahre überdauern, bevor sie auf die Lebensbedingungen treffen, die sie zum Keimen benötigen.

Material: schlammige Schuhe nach einem Tag im Wald, dünne Stöckchen oder Löffel, eine flache Plastikwanne oder ein Blumenkasten, sterilisierte Blumenerde
Alter: ab 4 Jahren

Sterilisierte Blumenerde in den Blumenkasten oder die Plastikwanne füllen. (Blumenerde kann die Spielleitung auch im Backofen selber sterilisieren.) Wenn die Kinder mit schlammigen Schuhen aus dem Wald zurückkommen, kratzt jedes Kind den Dreck an seinen Schuhen mit einem Löffel oder einem dünnen Ast ab und lässt ihn auf die Blumenerde fallen. Etwas angießen und Blumenkasten oder Wanne auf die Fensterbank stellen. Schon bald sollten die ersten Pflänzchen ihre Blätter aus der Erde stecken.

Wir wachsen im Licht

Material: keins
Alter: ab 4 Jahren

Die Fenster im Raum verdunkeln und das Licht anschalten. Die Kinder verteilen sich im Raum und kauern sich ganz klein zusammen. Sie sind kleine Pflänzchen. Die Spielleitung schaltet das Licht in Abständen aus und an. Bei Licht „wachsen" die Pflanzen, richten sich langsam immer höher auf, strecken die Arme zur Decke und schwanken hin und her. Im Dunkeln erstarren sie und fangen nach einiger Zeit an zu welken: Sie lassen den Kopf und die Arme hängen, machen den Rücken rund und sacken zusammen.

Vulkan

Einige ForscherInnen vermuteten, dass nicht ein Asteroiden-Einschlag für den Iridium-Fund in Gesteinen vom Ende der Kreidezeit verantwortlich war, sondern die gewaltigen Vulkanausbrüche in Indien. Denn Iridium ist zwar in der Erdoberfläche selten, nicht jedoch im Innern der Erde. Wie dem auch sei, Vulkane und Dinosaurier gehören für Kinder einfach zusammen.

Material: Sandkasten oder Sand auf einem Tablett mit hohem Rand, leerer Joghurtbe-

cher, rote flüssige Lebensmittelfarbe oder rote Wasserfarbe, zwei Päckchen Backpulver, ein Glas Essig
Alter: ab 4 Jahren (mit Variante)

Aus Sand einen Vulkankegel formen. Als Krater den Joghurtbecher in die Spitze eingraben. Backpulver in den Joghurtbecher geben. Den Essig mit flüssiger Lebensmittelfarbe oder mit Wasserfarbe rot färben. Der Vulkan bricht aus, sobald die Spielleitung den Essig auf das Backpulver schüttet. Rote Lava schäumt die Abhänge hinunter.

Variante: Die Kinder dekorieren die Vulkanabhänge vor dem Vulkanausbruch mit selbst gebastelten Bäumen, Naturmaterialien und kleinen Dinosaurier-Spielfiguren.

Hinweis: Der Vulkan bricht umso realistischer aus, je enger die Öffnung des Kraters ist. *Aber bitte auf gar keinen Fall ein Glasgefäß benutzen.* Der Druck der chemischen Reaktion zwischen dem Backpulver und dem Essig könnte so stark sein, dass das Glas explodiert!

Ascheregen

Ein Vulkanausbruch kann riesige Mengen Asche freisetzen, die meterdick zu Boden fällt. Unter dieser heißen Asche erstickt alles Leben.

Material: ein leeres Glas mit Schraubdeckel, eine kleine, nicht schwimmende Dinosaurier-Spielfigur, Sand, Wasser
Alter: ab 5 Jahren

So viel Sand in das Glas geben, dass der Boden etwa (je nach Größe des Glases) vier bis sechs Zentimeter hoch bedeckt ist. Mit Wasser auffüllen und den Sand setzen lassen. Die Dinosaurier-Spielfigur hineingeben, ohne den Sand erneut aufzuwirbeln. Glas zuschrauben.
Wenn die Kinder das Glas schütteln, begräbt der Sand den Dinosaurier unter sich.

Kamm-Zähne

Viele Dinosaurier-Arten waren allein schon aufgrund der Form ihrer Zähne auf bestimmte pflanzliche Nahrung angewiesen. Manche Dinosaurier hatten stiftartige Zähne, mit denen sie Blätter von Zweigen abstreiften und ohne zu kauen hinunterschluckten. Die Formen der Zähne und der Blätter standen dabei in einem engen Zusammenhang. Nicht alle Blätter lassen sich mit Stiftzähnen von den Zweigen streifen. Verschwanden die geeigneten Pflanzen, war den Dinosauriern die Lebensgrundlage entzogen.

Material: Kämme mit verschieden breiten Zinken
Alter: ab 5 Jahren

Die Kinder versuchen mit Hilfe der Kämme Blätter von verschiedenen Pflanzen abzustreifen: von Nadelbäumen, Farnen, Büschen mit kleinen Blättern, Bäumen mit großen oder kleinen Blättern, krautigen Pflanzen.
Lassen sich alle Blätter mit jedem Kamm abstreifen? Welcher Kamm eignet sich für was besonders?

Überreste aus der Welt der Saurier

Ausgrabungen

Die Dinosaurier starben vor 65 Millionen Jahren aus, aber sie sind nicht gänzlich von der Erde verschwunden. Hin und wieder entdecken ForscherInnen, Laien und professionelle Knochensammler Überreste aus der Welt der Saurier: Knochen, Fußabdrücke, Eier... – alles in versteinerter Form. Auf diesen fossilen Überresten (vom lateinischen fossilis = ausgegraben) beruht alles, was wir heute über die Dinosaurier und ihren Lebensraum wissen – oder zu wissen glauben. Funde sind selten, aber doch häufig genug, so dass wir uns ein Bild vom Leben und Sterben der Saurier machen können.

Dazu vergleichen ForscherInnen die Fossilien der Dinosaurier und der Tiere und Pflanzen ihres Lebensraums mit heute lebenden Tieren und Pflanzen. Ein Dinosaurier, der schnell wuchs und in wenigen Jahren ausgewachsen war, war vermutlich warmblütig wie die heutigen Säugetiere, die ebenfalls schnell wachsen, und nicht kaltblütig wie Eidechsen, die nur langsam wachsen. (ForscherInnen vermuten das aufgrund der Wachstumsringe in Knochen.) Ein Troodon mit seinen besonders großen Augen war vielleicht nacht-aktiv, wie heute zum Beispiel das Buschbaby, ein afrikanischer Halbaffe. Und ein Fleisch fressender Dinosaurier, der in Wäldern jagte, hatte wohl eine ähnliche Hautzeichnung wie ein Tiger, um sich im Unterholz zu tarnen.

WissenschaftlerInnen, die sich mit den Lebewesen vergangener Erdperioden befassen, heißen PaläontologInnen. Ihre Arbeit lässt sich mit der von Detektiven vergleichen: Aus wenigen kleinen Puzzlestücken und Hinweisen setzen sie Bilder und Geschichten aus vergangener Zeit zusammen. Von manchen Dinosauriern fanden ForscherInnen bislang nur einige wenige Knochen; trotzdem gelingt es ihnen, ein Bild des ganzen Tieres zu entwerfen. Das dabei vieles spekulativ bleiben muss, liegt auf der Hand.

TROODON

BUSCHBABY

Wie Fossilien entstehen

Wenn ein Tier stirbt, bleibt im Normalfall nichts von ihm übrig. Fleisch fressende Wirbeltiere – große und kleine Raubtiere oder Vögel – sind meist zuerst zur Stelle, nagen Knochen ab, fressen Muskelfleisch und Innereien. Dann kommen Insekten und andere wirbellose Tiere, und schließlich zersetzen Bakterien die Reste des Kadavers. Übrig bleiben nur Knochen, die mit der Zeit verwittern und zerfallen.

Manchmal jedoch sterben Tiere unter solchen Umständen, die den Kadaver für Raubtiere, Insekten und Bakterien unerreichbar machen: Ein plötzlicher Schlammrutsch, eine Überschwemmung, der Ascheregen eines Vulkans bedecken den Tierkörper und verhindern oder verlangsamen die Verwesung. Knochen, Zähne, Krallen, Haut oder Federn haben Zeit zu versteinern oder einen Abdruck zu hinterlassen. Nester mit Eiern und Kothaufen versteinern ebenfalls auf diese Art. So entstehen auch heute noch Fossilien. Fleisch oder Organe eines toten Tieres bleiben fast nie erhalten. Erst vor kurzem fanden ForscherInnen zum ersten Mal ein versteinertes Dinosaurier-Herz – ein sensationeller Fund, wie er vorher noch nie gemacht wurde.

Oftmals bleiben viele Details erhalten. ForscherInnen können die Ansatzstellen der Muskeln an den Knochen erkennen. Kratzspuren von Zähnen auf den Knochen geben Aufschluss darüber, welches Raubtier den fossilen Dinosaurier erlegte. Von Ichthyosauriern weiß man, dass sie lebende Junge auf die Welt brachten, weil Weibchen mit fertig entwickelten Jungtieren im Körper fossiliert wurden. In manchen Fällen fanden ForscherInnen noch die letzte Mahlzeit im Magenbereich des Skeletts: Der Magenbereich von Baryonyx zum Beispiel enthielt Fischschuppen. In vielen Skeletten fanden ForscherInnen so genannte Magensteine (Gastrolithen): Einige Dinosaurier-Arten schluckten Steine, um Pflanzen im Magen zu zermahlen, wie es heute auch noch die Hühner tun. In einem Saurier-Skelett fand man einen so riesigen Magenstein, dass ForscherInnen annehmen, dass er die Todesursache war.

Fußspuren gehören zu den selteneren Funden. Sie können nur in weichen Böden wie sandigen Flussufern oder Sümpfen erhalten bleiben; auf harten Wald- oder Steinböden hinterlassen Tiere keine Spuren. Fossile Fußabdrücke entstehen, wenn der Boden durch große Hitze hart gebacken wird, bevor Wind und Wetter die Fußspuren ausradieren können, und danach Sand- oder Schlammschichten die Abdrücke bedecken.

Ausgrabungen

Die Kruste unserer Erde ist in stetiger Bewegung. Steinschichten sinken ab, falten sich auf, verschieben sich. Nach vielen Millionen Jahren kann eine bestimmte Steinschicht wieder an die Erdoberfläche kommen und die Fossilien in ihr werden freigelegt. Geologen können genau bestimmen, zu welcher Zeit sich diese Gesteinsschicht gebildet hat, und damit auch, wie alt die in ihr enthaltenen Fossilien sind. Anders herum suchen PaläontologInnen nach Dinosaurier-Fossilien genau in den Gesteinsschichten, die aus der Zeit der Dinosaurier – Trias, Jura und Kreide – stammen.

Ein erfahrener Paläontologe erkennt ein kleines Knochenfragment in der Erde aus großer Entfernung. Dann muss der Forscher entscheiden, ob sich eine Ausgrabung an dieser Stelle lohnt. Eine Ausgrabungs-Expedition ist ein aufwendiges Unternehmen. Die Fundstätten liegen meist in entlegenen Gebieten der Erde. Sogar in der Antarktis fanden ForscherInnen Dinosaurier-Fossilien. Die Lage der Fundstätte muss genau bekannt sein – damit spätere Expeditionen den Ort wieder finden können – und wird mit Hilfe von Computern und Satelliten festgestellt. In der Nähe der Fundstätte schlägt die Expeditions-Gesellschaft ein Lager mit Wohn- und Vorratszelten für mehrere Wochen oder Monate auf.

Manchmal liegen die Fundstätten unter mächtigen Gesteinsschichten. In diesem Fall setzen die PaläontologInnen Bulldozer und Bagger, seltener auch Sprengstoff ein, um das Gestein abzutragen. Pressluft-hammer, Hacken und Schaufeln, Hammer und Meißel kommen zum Einsatz, um das umliegende Gestein grob zu entfernen. Danach benutzen die ForscherInnen nur noch feine Nadeln und Pinsel, um Stein- und Sandreste vom Knochen zu entfernen.

Vom Fundort zum Museum

Dinosaurier-Fossilien können sehr spröde sein und bei der geringsten Bewegung zerfallen. Für den Transport müssen sie deshalb gut gesichert werden. Früher legten die PaläontologInnen den Knochen einen Gipsverband an, heute setzen sie auch fest werdende Schäume ein. So verpackt kommen die Fossilien am Ende der Expedition in ein Museum. Dort schneiden Museumstechniker die Transporthülle auf und reinigen die Knochen, bis sie frei sind von Gesteinsstückchen. Sie kleben zerbrochene Teile zusammen und ergänzen fehlende Stücke mit Hilfe einer Modelliermasse. Die größte Attraktion eines Museums ist natürlich ein ganzes Dinosaurier-Skelett. Dafür stellen die Techniker Plastik-Abgüsse von allen Knochen her, die anschließend naturgetreu bemalt werden. Durch die Plastikknochen ziehen die Museumstechniker Stahltrosse oder ein Metallskelett, um den Dinosaurier in seiner ursprünglichen Form aufzurichten.

Manchmal stellen Museen auch die echten fossilen Knochen aus. Ein vollständiges Dinosaurier-Skelett hat einen ungeheuren Wert. Das Naturkunde-Museum in Chicago zum Beispiel bezahlte 7,5 Millionen Euro für „Sue", das bislang größte und vollständigste Skelett eines Tyrannosaurus. Für Dinosaurier-Knochen gibt es einen riesigen Markt. Vor allem professionelle Knochensammler verdienen daran. Doch jeder Knochen, der in einer privaten Sammlung landet, geht der Wissenschaft verloren. Und nicht nur die Knochen: Da professionelle Knochensammler und Laien nicht auch das fossile Umfeld der Funde sammeln und rekonstruieren, verlieren wir auch Wissen über den Lebensraum der Dinosaurier. Deshalb ist es wichtig, dass interessierte Laien bei einem Fund sofort die Behörden oder ein Museum informieren.

Simon und Lea im Museum

„Da ist er!" – „Oh, ist der groß!"
Simon und Lea stehen mit ihren Eltern staunend vor der riesigen Dinosaurier-Figur in der Museumshalle. „Mama, guck mal, das Bein ist ja größer als ich", ruft Lea. Sie versucht, näher an den Dinosaurier heranzukommen, und drängelt sich an einem großen, braun gebrannten Mann vorbei. „Entschuldigen Sie bitte", sagt Leas Mutter schnell. Aber der Mann lächelt nur. „Der gefällt dir wohl", sagt er zu Lea. „Oh ja", antwortet sie, „er ist toll! Ich wünschte, ich hätte so einen echten!" – „Das habe ich mir als Kind auch immer gewünscht", erwidert der Mann und lächelt wieder. „Echte gibt es ja leider nicht mehr. Deshalb bauen wir solche Dinosaurier-Figuren. Dann sind sie irgendwie doch lebendig für uns."
Lea und Simon machen große Augen. „Sie haben den Dinosaurier gebaut?" fragt Simon ehrfürchtig. „Ja, ich habe einige der Knochen ausgegraben und mir dann überlegt, wie der Dinosaurier ausgesehen haben muss. Wisst ihr, ich bin Paläontologe." – „Was ist das, ein Paläontologe?" Lea stolpert ein bisschen über das schwere Wort. „Ein Paläontologe ist jemand, der das Leben von ausgestorbenen Tieren erforscht. Und ich erforsche Dinosaurier", erklärt der Mann. „Und woher wussten Sie, wie der Dinosaurier aussehen muss?"

möchte Simon wissen. „Naja, genau weiß ich es eigentlich nicht", antwortet der Mann. „Wenn ihr einen Moment Zeit habt, erzähle ich euch eine Geschichte." Simon und Lea nicken begeistert. „Gut", sagt der Mann, „ich erzähle euch die Geschichte von den fünf weisen Männern und dem Elefanten.

Es waren einmal in Indien fünf weise alte Männer. Sie waren sehr schlau, und die Menschen kamen von weit her, um sie um Rat zu fragen. Darauf waren die weisen Männer sehr stolz. Aber die fünf Männer konnten nichts sehen, sie waren blind.

Eines Tages wanderte ein Elefant in das Lager der fünf weisen Männer. Die Männer hörten ihn und sagten: „Ein Tier ist in unser Lager gekommen. Wir wollen herausfinden, was für ein Tier es ist." Der erste Mann trat an den Elefanten heran und betastete den Rüssel. „Seid vorsichtig! Es ist lang und dünn und es bewegt sich. Es ist eine Schlange!", rief er.

Der zweite Mann aber fühlte den Stoßzahn und sagte: „Nein, du irrst dich. Es hat glatte, harte Hörner auf dem Kopf. Es muss eine Kuh sein."

Der dritte Mann war von hinten an den Elefanten herangetreten und hatte die Schwanzhaare zu fassen bekommen. „Ihr irrt euch beide", rief er. „Dieses Tier hat einen dünnen Bart. Es muss ein Ziegenbock sein."

Der vierte Mann betastete inzwischen ein Ohr des Elefanten. „Was redet ihr da", sagte er, „könnt ihr nicht fühlen, wie dünn und weich seine Haut ist? Es muss eine Fledermaus sein!"

Der fünfte Mann aber stand neben dem Elefanten und strich mit seinen Händen über dessen Beine. „Wir alle haben uns geirrt", sagte er, „es ist gar kein Tier. Jemand ist gekommen und hat ein Haus mit großen Säulen in unserem Lager gebaut."

Weil der fünfte Mann aber aus Versehen mit seinen Haaren den Elefanten am Bauch kitzelte, trompetete der Elefant laut und ging gemächlich davon. Da wussten die fünf weisen Männer, was für ein Tier in ihr Lager gekommen war, und sie staunten über ihre eigene Unwissenheit. Ein kleines Kind aber, das alles mitangesehen hatte, lachte und lief davon, um es den anderen Menschen zu erzählen."

„Ich weiß es", ruft Lea aufgeregt, „der Elefant ist der Dinosaurier und die weisen Männer sind die Dinosaurier-ForscherInnen!" – „Stimmt", erwidert der Mann, „und genau wie die weisen Männer wissen auch die Paläontologen manchmal nicht, was sie wirklich gefunden haben. Aber mit jedem Knochen, den wir ausgraben, lernen wir etwas dazu." – „Mama, Papa", ruft Lea da aufgeregt, „wenn ich groß bin, möchte ich auch Dinosaurier-Knochen ausgraben!"

Aufgabe: Die Spielleitung denkt sich ein Tier (oder im Spiel mit älteren Kindern einen Dinosaurier) aus. Die Kinder raten: „Ist es groß? Hat es vier Beine? Hat es Federn? Lebt es im Meer? Ist es weiß? ..." Die Spielleitung antwortet nur mit „Ja" oder „Nein". Das Kind, das das Rätsel löst, darf sich das nächste Tier ausdenken.

Fußspuren-Geschichte

Dinosaurier-Fußspuren sind eher seltene Funde. Sie sind besonders interessant, weil sie etwas über das Verhalten der Tiere verraten: ob es Herdentiere oder Einzelgänger waren, ob die Jungtiere bei den Eltern blieben und vielleicht sogar gut geschützt in der Mitte der Herde zogen, wer wen jagte. Außerdem können ForscherInnen aus dem Abstand der Spuren zueinander und der Tiefe der Abdrücke berechnen, wie schnell der Dinosaurier lief und wie schwer er war.

Material: Vergrößerte Kopien der nebenstehenden Fußspuren-Bilder, fester Tonkarton, Pappe, Scheren, Butterbrot-Papier, Bleistift, Kleber
Alter: ab 6 Jahren (Variante ab 5 Jahren)

Die Fußspuren der großen und kleinen Sauropoden sowie des Fleischfressers vergrößert kopieren, auf die Pappe aufkleben und ausschneiden. Mit Hilfe der so entstandenen Schablone beliebig viele Dinosaurier-Fußspuren aus dem Tonkarton herstellen.
Ein Kind legt die Spuren in einem selbst gewählten Muster auf dem Boden aus, die anderen raten, welche Geschichte diese Spuren erzählen. Wenn die Geschichte erraten und erzählt ist, kommt ein anderes Kind an die Reihe. Besonders eindrucksvoll und leichter nachvollziehbar werden die Geschichten, wenn die Fußspuren im Freien gelegt werden und die Kinder die natürlichen Gegebenheiten einbeziehen können.

Variante ab 5 Jahren: Als Einstiegshilfe und für jüngere Kinder kann die Spielleitung die erste Fußspuren-Geschichte legen.

Versteinerter Dino-Kot

Versteinerte Dinosaurier-Exkremente (Koprolithe) geben eine gute Übersicht, was die Tiere gefressen haben. Kot von Fleischfressern kann Knochensplitter enthalten, der von Pflanzenfressern unverdaute Pflanzenreste und Samen. Einige Dinosaurier-Arten verschluckten Steine, um die pflanzliche Nahrung im Magen zu zermahlen; die dabei rund geschliffenen Steine wurden teilweise wieder ausgeschieden. Die bislang größten Kot-Funde stammen von Fleischfressern und haben eine Länge von etwa 50 cm.

Material: 2 1/2 Tassen Mehl, 2 Tassen Salz, 1 1/4 Tassen Wasser, 1/2 Tasse Kakao, evtl. Steine ohne scharfe Kanten, Tannennadeln und Samen (z.B. Vogelfutter)
Alter: ab 4 Jahren

Aus Mehl, Salz, Wasser und Kakao einen Salzteig kneten. Jedes Kind bekommt einen Klumpen und kann ihn beliebig formen (Wurst, Fladen, Apfel, Küttelchen). Zusätzlich können die Kinder Steine, Tannennadeln oder Samen in den Teig kneten. Abschließend wird der Salzteig im Backofen „versteinert".
Die fertigen Koprolithe in die Dino-Landschaft (s. S. 25) setzen oder bei einer Ausgrabungs-Expedition (s. S. 101) ausgraben lassen.

Dinosaurier-Eier

Dinosaurier-Eier hatten die unterschiedlichsten Formen, von kugelrund bis länglich-oval. Auch die Größe war variabel. Die Eier von großen Sauropoden konnten bis zu 90 cm lang werden.

In vielen Dinosaurier-Eiern entdeckten ForscherInnen die Knochen der Embryos. Im Vorbereitungsgespräch mit den Kindern kann die Spielleitung eine Schüssel mit Überraschungs-Plastikeiern (vorher sammeln!) herumgeben, die mit je einem Weingummi-Dinosaurier gefüllt sind (gibt es z.B. von Haribo in der Colorado-Packung). Daran erinnern sich die Kinder noch lange!

Material: Luftballons, Kleister, Zeitungspapier, Packpapier und/oder Malpapier, evtl. Wasserfarben, Pinsel und Sieb oder Zahnbürsten, Klebeband
Alter: ab 4 Jahren (Variante ab 6 Jahren)

Luftballons aufblasen und zuknoten. Zeitungspapier in kleine Stückchen reißen und in mehreren Schichten mit Hilfe des Kleisters auf den Ballon kleben. Als letzte Lage Pack- oder Malpapier-Stückchen aufkleben. Wenn das Ei getrocknet ist, können die Kinder mit Pinsel und Sieb oder mit Zahnbürsten Wasserfarben-Punkte auf die Oberfläche spritzen, so dass eine ähnliche Zeichnung wie bei heutigen Vogel-Eiern entsteht.
Die Spielleitung vergräbt die Dinosaurier-Eier im Sand eines Sandkastens und lässt sie von den Kindern suchen. Der Sand muss unbedingt trocken sein, damit sich die Papier-Eierschalen nicht verformen!

Variante ab 6 Jahren: Ältere Kinder können Gruppen von drei oder vier Kindern bilden. In den Gruppen zerschneiden sie jeweils ein Ei in nicht zu kleine, unregelmäßig gezackte Stücke und verstecken sie für eine andere Gruppe in einem begrenzten Bereich des Sandkastens. Die andere Gruppe darf dort eine Ausgrabung durchführen und versuchen aus den Stücken ein vollständiges Ei zusammenzusetzen und mit Klebeband zu fixieren. Dabei darf ruhig das eine oder andere Teil fehlen, so wird die Ausgrabung realistischer.

Knochen präparieren

Frische Knochen müssen präpariert werden, damit sie haltbar sind und nicht gammeln. Präparatoren arbeiten mit verschiedenen Chemikalien, um Knochen zu entfetten und zu bleichen. Etwas weniger professionell, aber für unsere Zwecke ausreichend, geht es mit Waschmittel. Das Waschmittel muss allerdings Bleiche (meist Sauerstoffbleiche) und Enzyme (für den Fettabbau) enthalten.

Material: Hühnerknochen, Waschmittel, Wasser, Topf, Herd
Alter: ab 6 Jahren

Knochen möglichst von allen Fleisch- und Knorpelresten säubern. Knochen zusammen mit dem Waschmittel in einen Topf mit Wasser geben (auf 1 Liter Wasser kommen ca. 40 Gramm Waschmittel) und auf dem Herd auf ungefähr 40° C erwärmen (das entspricht in etwa Badewasser-Temperatur). Innerhalb von zwölf Stunden 3–4 Mal erwärmen und umrühren. Danach für etwa eine Stunde sanft kochen und über Nacht stehen lassen. Wasser und Waschmittel erneuern und wiederum unter mehrmaligem Erwärmen und Rühren zwölf Stunden stehen lassen.
Nach einem letzten Aufkochen die Knochen trocknen lassen.

Knochen suchen

PaläontologInnen müssen bei Ausgrabungen sehr vorsichtig zu Werke gehen, da fossile Knochen extrem brüchig sein können und manchmal bei der geringsten Berührung zu Staub zerfallen. Oft bestreichen die ForscherInnen die Knochen schon mit Klebstoff, wenn sie noch im Felsen eingebettet sind. Wie echte PaläontologInnen sollten sich die Kinder im Spiel nicht mit den Händen im abgesteckten Bereich abstützen oder gar darüberlaufen. Daher ist ein einführendes Gespräch für die Kinder sehr wichtig, und es wird ihnen bei diesem Spiel auch einiges an Selbst-Disziplin abverlangt!

Material: präparierte Knochen (s. S. 98), ein Borstenpinsel pro Kind, Stöcke und Schnur zum Umzäunen
Alter: ab 5 Jahren

Die Spielleitung vergräbt die Knochen in einem abgesteckten Bereich des Sandkastens. Der umzäunte Bereich sollte so groß sein, dass jedes Kind Platz am Rand der Ausgrabungsstätte hat. Sehr vorsichtig, nur mit den Händen und den Pinseln, dürfen die Kinder die Knochen ausgraben.

Foto-Apparat

Bei einer Ausgrabung ist es für die ForscherInnen sehr wichtig, später noch die genaue Lage aller Fundstücke rekonstruieren zu können. Daher wird alles gefilmt und fotografiert, bevor ein Teil von der Fundstätte entfernt wird. Der Foto-Apparat sollte auch bei der Ausgrabungsexpedition (s. S. 101) nicht fehlen!

Material: pro Kind vier DIN A4-Bögen festes Papier, Stifte, Scheren und Malpapier
Alter: ab 6 Jahren (ab 4 Jahren, wenn Erwachsene beim Falten helfen)

Papier anhand untenstehender Abbildung mit den Kindern falten und ineinander schieben. Mit den Stiften Auslöser und andere Knöpfe auf den Foto-Apparat aufmalen. Aus dem Malpapier kleine Vierecke (ca. 5 x 5 cm) ausschneiden. Die Kinder malen auf jedes Quadrat ein Motiv auf, z.B. einen Dino-Kopf, ein Nest mit Eiern oder einen Dinosaurier in einer Landschaft. Die fertigen Bilder werden in dem Foto-Apparat versteckt. Die Kinder gehen umher und knipsen und können dann blitzschnell ihre Fotos hervorzaubern und sich gegenseitig zeigen.

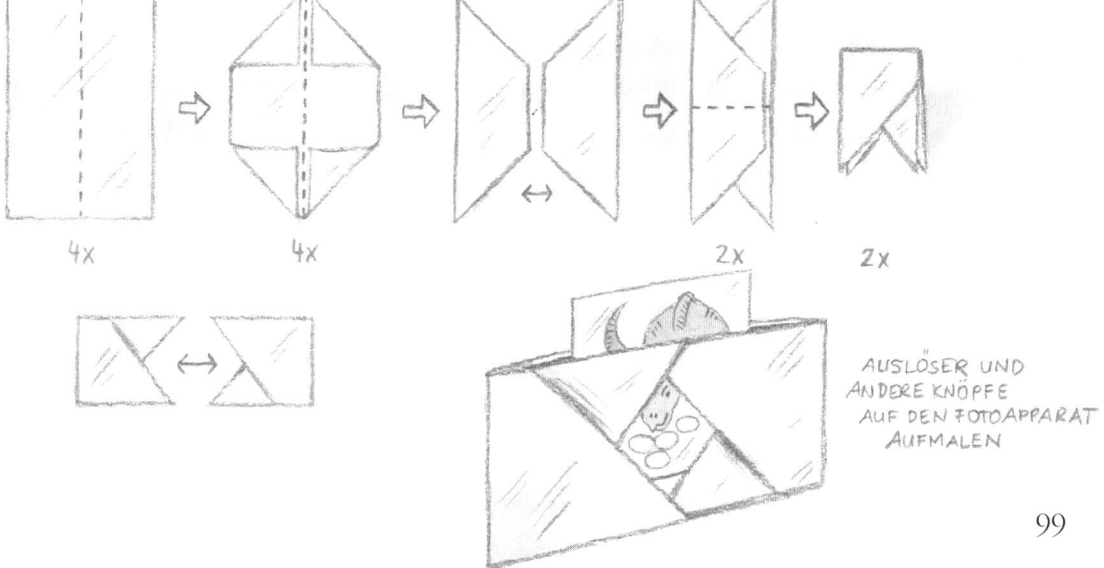

AUSLÖSER UND ANDERE KNÖPFE AUF DEN FOTOAPPARAT AUFMALEN

Gitternetz-Rätsel

Neben Fotos und Filmmaterial dienen auch Gitternetze dazu, die Lage eines Fundstücks genau festzuhalten. Dazu legen die WissenschaftlerInnen über die Fundstätte ein Gitter aus Schnüren, so dass viele gleich große Quadrate entstehen. Jeden Fund zeichnen sie auf einem Blatt mit verkleinertem Gitternetz ein. Diese Zeichnung hilft bei der Rekonstruktion des Fundes im Museum.

Material: zwei Kopien des Gitternetz-Bildes (S. Abb.), Schere, evtl. Buntstifte
Alter: ab 5 Jahren (Variante ab 4 Jahren)

Ein Gitternetz-Bild als Vorlage benutzen, das andere entlang der Linien in Quadrate schneiden. Die Spielleitung mischt die Quadrate. Die Kinder müssen das ursprüngliche Bild rekonstruieren.
Ältere Kinder können auch ohne Vorlage puzzeln.

Variante ab 4 Jahren: Für jüngere Kinder wird das Puzzle einfacher, wenn die Kinder vorher das Gitternetz-Bild mit Buntstiften ausmalen.

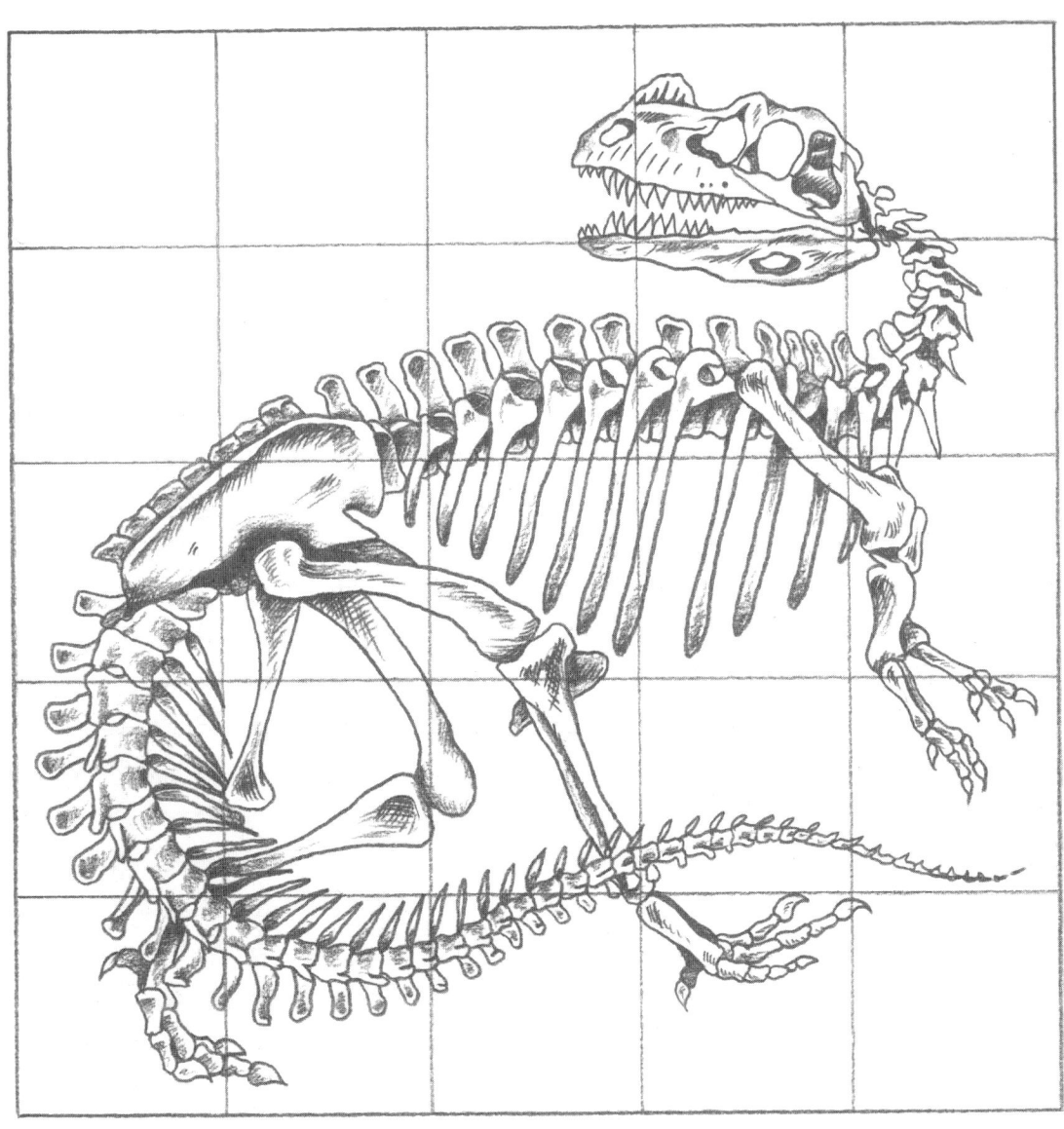

Ausgrabungs-Expedition

Material: Foto-Apparate (s. S. 99), kleine Dinosaurier-Bilder, Fußspuren (s. S. 97), Dino-Eier und/oder Knochen (s. S. 98), Borstenpinsel, Stöcke und Schnur
Alter: ab 5 Jahren

Als Einstieg in das Thema Dinosaurier oder als krönender Abschluss eignet sich besonders eine Ausgrabungs-Expedition, die die Spielleitung als Überraschung für die Kinder vorbereitet.
Material für die Foto-Apparate bereitlegen. Für jedes Kind ein kleines Dinosaurier-Bild als Foto vorbereiten, z.B. aus einem Buch kopieren, und einen Pinsel bereithalten. Fußspuren in genügender Anzahl ausschneiden. Ein Dino-Ei vorbereiten und eventuell in Stücke zerschneiden und/oder Knochen präparieren. Fußspuren auslegen und Knochen und Eierschalen im Sandkasten vergraben. Die Ausgrabungsstätte mit Stöcken und Schnur umzäunen. In einem Gespräch mit den Kindern beschreibt die Spielleitung den Verlauf einer Ausgrabung und die möglichen Funde. Besonders wichtig ist der Hinweis auf vorsichtiges Graben: Die Kinder dürfen nur die Hände und Pinsel zur Hilfe nehmen. Nichts darf vom Fundort entfernt werden, bevor nicht alle es gesehen (und fotografiert) haben. Die Kinder basteln die Foto-Apparate und bekommen von der Spielleitung ein kleines Dinosaurier-Bild zum Ausprobieren der Kamera. Die Spielleitung verteilt die Pinsel und führt die Kinder zu den Fußspuren. Dort überlegen die Kinder gemeinsam, welche Geschichte die Spuren erzählen. Danach geht es zum Sandkasten, wo die Kinder die versteckten Eierschalen und Knochen ausgraben können.
Hinweis: Manchmal kann man bei Museen einen misslungenen, für die Ausstellung im Museum unbrauchbaren Plastikabguss von Dinosaurierknochen oder -zähnen ausleihen und statt der Tierknochen vergraben. Nachfragen lohnt sich!

Schokodon und Kichersaurus

Ein Paläontologe, der einen bisher unbekannten Dinosaurier ausgräbt und wissenschaftlich beschreibt, hat das Vorrecht, dem Tier einen Namen zu geben. Dieser Name ist meist aus dem Lateinischen oder Alt-Griechischen entliehen und beschreibt eine besondere Eigenschaft des Tieres. Troodon zum Beispiel bedeutet verwundender Zahn (-don steht für Zahn) und Hadrosaurus bedeutet Entenschnabelechse (-saurus steht für Echse).

Material: keins
Alter: ab 4 Jahren (Variante ab 6 Jahren)

Die Kinder bilden einen Sitzkreis. Die Spielleitung erklärt, wie Dinosaurier-Namen entstehen. Gemeinsam überlegen die Kinder, wie sie als Dinosaurier heißen könnten: Ein Kind, das gerne Schokolade isst, wird zum *Schokodon*, ein Kind, das viel und gern lacht und sehr albern ist, wird zum *Kichersaurus*. Der Fantasie sind keine Grenzen gesetzt!

Variante ab 6 Jahren: Ältere Kinder können sich in zwei Gruppen aufteilen. Jede Gruppe denkt sich Namen für die Kinder der anderen Gruppe aus; der Name muss für eine charakteristische Eigenschaft des jeweiligen Kindes stehen!
Alle Kinder kommen in einem Stuhlkreis zusammen und abwechselnd nennen die Gruppen einen von ihnen ausgedachten Namen. Erraten die Kinder der jeweils anderen Gruppe, wer damit gemeint ist?

Wir feiern ein Dino-Fest

Dinosaurier-Feste eignen sich für Kinder-Geburtstage, Kindergarten-Feste, Karneval und alle anderen Gelegenheiten, bei denen Kinder feiern und Spaß haben dürfen. Dabei kommt es nicht darauf an, bei solchen Gelegenheiten Wissen über Dinosaurier zu vermitteln oder umzusetzen (obwohl auch das spielerisch sehr einfach möglich ist, wie die voran gehenden Kapitel zeigen). Meist reichen einige schöne Dekorationen, passende Namen für bekannte Getränke und Gerichte und an das Thema Dinosaurier angepasste Spiele.

Der Fantasie sind dabei keine Grenzen gesetzt. Aus der „Reise nach Jerusalem" wird „Rette sich, wer kann", wenn statt der Stühle zum Beispiel auf den Boden gelegte Dinosaurier-Tischsets oder grüne Kissen als rettendes Gebüsch zum Einsatz kommen und wenn als Signal zum Hinsetzen die bereits ausgeschiedenen Kinder wie Tyrannosaurier brüllen dürfen.

Oder ein Wettrennen, bei dem jedes Kind sich seinen Weg mit zwei Zeitungen oder zwei Teppichresten selber macht, indem es diese wie Trittsteine auslegt, wird zur Verfolgungsjagd, bei der der Raubsaurier dem Pflanzenfresser hinterher jagt.

Auch beim Essen können Eltern und Betreuer ihre Fantasie spielen lassen.

Aus Kakao, vielleicht zur Feier des Tages mit ein paar Schokoraspeln bestreut, wird Sumpfschlamm.

Schäumende Getränke, zum Beispiel solche, bei denen Speiseeiskugeln mit kohlensäurehaltigen Getränken versetzt werden, heißen Krater-, Lava- oder Vulkandrink.

Eine Pizza lässt sich hervorragend auf dem Blech in die Form eines Dinosauriers schneiden und entsprechend belegen. Das Gleiche gilt für Blechkuchen.

Die Lieblingssuppe des Kindes wird zur Ursuppe, wenn alle Zutaten klein püriert und mit Crouton-Felsen, Kräuter-Algen oder Muschel-Nudeln dekoriert werden. Für eine Ursuppe eignen sich auch Kaltschalen besonders gut, wenn sie etwas dickflüssiger und in verschiedenen Farben zubereitet werden, die die Kinder auf dem Teller nach Belieben vermischen können.

Dank der Dino-Wellen, die immer wieder über uns hereinbrechen, bietet auch der Handel oft geeignetes Material zur Vorbereitung und Durchführung von Dinosaurier-Festen an: Dino-Sticker zum Bekleben von Einladungen oder Preistüten, Dinosaurier-Kostüme und Schmink-Anleitungen, passende Servietten, Fensterbilder-Motive, Dino-Kaugummis sowie andere Süßigkeiten und vieles mehr.

Leas Traum

Es ist die Nacht vor Leas Geburtstag. Lea liegt im Bett und schläft. Sie träumt, dass sie Geburtstag hat. Die Wohnung sieht ganz anders aus. Von den Decken hängen Lianen mit leuchtend bunten Blüten, die einen starken Duft verströmen. Alles ist in ein grünes Licht getaucht, weil auch die Blumen in den Blumentöpfen auf der Fensterbank riesengroß sind und das Fenster fast verdecken.

Es klingelt. Lea läuft zur Tür und öffnet. Vor der Tür stehen Leas Lieblingssaurier: der winzige Tyrannosaurus Zähnchen, das Dreihorn Trixi, der kleine Langhals Trampel und der Ankylosaurier Keule. „Alles Gute zum Geburtstag!", grölen die vier. Dann rempeln sie sich gegenseitig an bei dem Versuch, zuerst durch die Tür zu kommen und Lea herzlich in den Arm zu nehmen. Das ganze Haus wackelt dabei ein bisschen. „Schubst nicht so!", beschwert sich Zähnchen, der den anderen gerade mal bis zum Bauch reicht, und springt Lea auf die Schulter. „Wir haben dir auch ein Geschenk mitgebracht!", kräht er vergnügt. „Du musst es suchen", schnauft Keule.

In diesem Moment taucht im Traum die Mutter auf und reicht Lea einen Faden. „Hier", sagt sie, „du musst dem Faden folgen, dann findest du dein Geschenk." Und schon ist sie wieder verschwunden! Trampel springt aufgeregt auf und ab. Das Haus wackelt schon wieder und von der Decke rieselt der Putz. „Wir helfen dir, wir helfen dir!", ruft er.

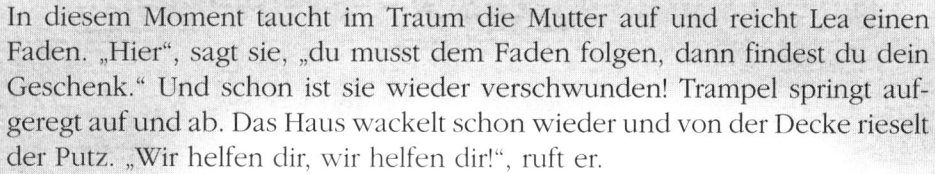

Lea klettert auf Trixis Rücken und die Suche beginnt. Lea und ihre Dino-Freunde folgen dem Faden durch die ganze Wohnung. Sie klettern über Leas Bett, schwingen an Lianen über die Badewanne und kriechen unter dem Wohnzimmertisch hindurch. Keule bleibt dabei stecken und schleppt den Tisch ein paar Schritte mit: Wie eine riesige Schildkröte sieht er aus.
Schließlich führt der Faden zum Esstisch. Dort steht ein Geburtstagskuchen mit brennenden Kerzen und daneben liegt ein Nest mit einem riesigen Ei. „Das ist unser Geschenk für dich!", rufen Leas Dino-Freunde. Lea klettert von Trixis Rücken und betrachtet das Ei aus der Nähe. Es schillert in allen Farben wie eine Seifenblase – und plötzlich rollt es ein Stück zur Seite, bekommt überall Risse und zerplatzt. In dem Nest sitzt Leas kleiner Bruder Simon und brüllt: „Aufstehen, Lea! Lea, wach auf!".
Lea schlägt die Augen auf. Sie liegt in ihrem Bett, die Dinosaurier und die Lianen sind verschwunden. Aber ihre Eltern stehen neben ihrem Bett, und Simon zerrt an der Bettdecke und ruft: „Aufstehen, du Schlafmütze! Du musst dein Geschenk auspacken!" Lea reibt sich verschlafen die Augen. „Ist es ein Ei?", fragt sie. Simon und ihre Eltern sehen Lea verwundert an. „Warum sollten wir dir ein Ei schenken?", fragt Leas Mutter. „Soll ich dir eins zum Frühstück machen?" – „Nein, danke", sagt Lea, „ich glaube, ich hatte schon eins." Und sie lächelt.

Aufgabe: *Wie wäre Leas Traum wohl weiter gegangen und was wäre in dem Ei gewesen? Male ein Bild davon!*

Einladungen

Einladungs-Eier

Material: „Wasserbomben" oder kleine Luftballons, dünne Papierstreifen, Stifte, Kleister, Papier, Farbe zum Bemalen oder farbiges Seidenpapier

Auf die dünnen Papierstreifen die Einladung schreiben, eng zusammenrollen und je eine Einladung in eine Wasserbombe oder einen Luftballon schieben. Wasserbombe oder Luftballon klein aufblasen und zuknoten. Nach Kleistertechnik (s. S. 98) fertig stellen. Dabei entweder als letzte Schicht Seidenpapier mit wenig Kleister aufkleben oder nach dem Trocknen bemalen.

Variante: Die Plastikeier aus „Überraschungseiern" mit der Einladung und einem kleinen essbaren Dinosaurier füllen und überreichen.

Knochen-Kiste

Material: kleine Kartons mit Deckel, Sand, weiße Pappe, Stift, Schere

Die Kartons zur Hälfte mit trockenem Sand füllen. Aus weißer Pappe pro Karton einen großen Knochen ausschneiden, die Einladung darauf schreiben und in mehrere Stücke zerschneiden. Stücke im Sand vergraben und die Kiste fest verschließen.

Dekorationen

Decken-Dschungel und Fenster-Urwald

Material: Krepppapier und Transparentpapier in Grün- und Brauntönen (eventuell auch in anderen Farben für Blüten), Schere, Kleister, Leiter, Klebeband
Alter: ab 4 Jahren (mit Hilfe eines Erwachsenen)

Für den Decken-Dschungel das Krepppapier in lange, recht dünne Streifen schneiden und als Lianen mit dem Klebeband an der Decke befestigen. Wer das nicht möchte, kann alternativ dicht unter der Decke kreuz und quer zwischen den Wänden dünne Nylonfäden ziehen und die Krepppapierstreifen zum Beispiel mit einem Tacker daran hängen. Besonders schön ist es für die Kinder, wenn die Streifen so lang sind, das sie den Kindern mindestens auf die Schultern fallen.
Für den Fenster-Urwald das Transparentpapier ebenfalls in dünne Streifen schneiden und mit dem Kleister auf die Fensterscheibe kleben. Der Kleister ist nach dem Trocknen durchsichtig, und die Lianen können später ganz leicht von der Scheibe abgezogen werden.
Riesige Blüten aus farbigem Tonpapier – an Nylonfäden aufgehängt – können die Lianen für den Decken-Dschungel ergänzen; genauso schön sind Transparentpapier-Blüten am Fenster.

Luftballon-Langhals

Material: ein runder Luftballon und sechs Modellierballons in der gleichen Farbe, durchsichtiger Nylonfaden, Klebeband, Schere, wasserfester Edding
Alter: ab 5 Jahren (mit Variante) (mit Hilfe eines Erwachsenen)

Zwei Modellierballons und den runden Luftballon ganz aufblasen, die übrigen vier Modellierballons nur zu kurzen Würsten. Mit Faden und Klebeband die langen Ballons als Schwanz und Hals an dem runden Ballon befestigen und mit dem Edding Mund und Augen aufmalen. Die kurzen Ballons als Beine ebenfalls mit Nylonfaden und Klebeband am Körper befestigen. Als Aufhängung je einen Faden um Schwanz und Hals knoten und einen weiteren Faden mit Klebeband auf dem Dinosaurierrücken befestigen. An drei Punkten zwischen den Deckenlianen befestigen und dabei die Fadenlänge so wählen, dass der Dinosaurier den Hals hoch und den Schwanz niedrig trägt.

Variante: Die Luftballons mit Kleister einstreichen und beliebig buntes Papier aufkleben oder Zeitungspapier benutzen und den Saurier nach dem Trocknen bemalen. Den Langhals wie oben beschrieben zusammenbauen und aufhängen, allerdings ohne das Klebeband, sondern mit Hilfe einer Nadel.

Süßigkeiten-Farn

Material: Schaschlikspieße, Krepppapier in verschiedenen Farben, Schere, Klebeband oder Schnur, Süßigkeiten (zum Beispiel Schaumerdbeeren, Gummi-Brombeeren und -Himbeeren, Geleebananen), Farn im Blumentopf
Alter: ab 6 Jahren

Aus Krepppapier Blütenblätter in verschiedenen Formen ausschneiden und mit dem Klebeband ein bis zwei Zentimeter unterhalb des spitzen Endes eines Schaschlikspießes befestigen. Auf die Spitze des Spießes je eine Süßigkeit aufspießen und den Spieß in die Blumentopferde des Farns stecken, so dass es aussieht, als ob der Farn Blüten und Früchte trägt. Mit dem Farn den Esstisch dekorieren. Die Kinder können nach Belieben oder als Belohnung nach einem Spiel von den Süßigkeiten naschen.

Blumen-Teelichter

Material: Wellpappe in verschiedenen Farben, bunte Teelichter, Schere, Untersetzer
Alter: ab 5 Jahren

Aus der Wellpappe Blüten mit einem Durchmesser von 10 bis 15 Zentimetern ausschneiden und in der Mitte kreuzweise einschneiden. In diesen Einschnitt pro Blüte je ein Teelicht stecken und den Esstisch damit dekorieren. Falls die Oberfläche des Tisches hitzeempfindlich ist, Untersetzer nicht vergessen!

Palmen und Palmfarne

Material: leere Klopapierrollen, Kleber, Schere, braunes Krepppapier, grünes Tonpapier, Dinosaurier-Spielfiguren
Alter: ab 5 Jahren

Die Klopapierrollen als Stämme mit braunem Krepppapier bekleben. Aus dem grünen Tonpapier verschieden geformte Palmwedel ausschneiden und als Blattkrone in den Klopapierrollen festkleben. Jede Palme oder Palmfarn besteht aus mehreren gleich aussehenden Palmwedeln. Mit den fertigen Palmen und Palmfarnen sowie den Dinosaurier-Spielfiguren den Esstisch, das Buffet oder den Geschenktisch dekorieren.

Servietten-Dinosaurier

Material: Tonkarton in beliebigen Farben, Schere, Servietten
Alter: ab 5 Jahren

Aus dem Tonkarten entweder frei entworfene oder aufkopierte Dinosaurier ausschneiden (am besten eignen sich Vierfüßer). In die Mitte jedes Dinos ein Loch schneiden, je eine Serviette aufrollen und durch das Loch stecken. Auf den Tellern dekorieren.

Feier

Namensschilder

Material: bunten Fotokarton, Kopiergerät, einen oder mehrere Dinobilder als Vorlagen, Locher, Wolle, Schere, Stifte
Alter: ab 3 Jahren mit Hilfe eines Erwachsenen

Vor der Feier ein oder mehrere geeignete Dinosaurier-Motive auf bunten Tonkarton kopieren. Zu Beginn der Feier für jedes Kind je ein Bild oval ausschneiden und an der oberen Kante lochen. Mit dem Namen des Kindes beschriften. Einen Wollfaden durch die Löcher ziehen und so lang verknoten, dass der Faden noch über den Kopf des Kindes passt.

Preistüten

Material: unbedruckte braune Papiertüten (zum Beispiel für Müll), Moosgummi, Kleber und Korken oder Kartoffeln und Messer, Fingerfarben oder Wasserfarben und Pinsel, Schere
Alter: ab 4 Jahren

Papiertüten am oberen Rand tief gezackt einschneiden.
Für Stempel aus Moosgummi Dinosaurier-Fußspuren ausschneiden und am Korken festkleben oder Kartoffelstempel mit dem gleichen Motiv herstellen.
Die Kinder können ihre Preistüten selber mit der Finger- oder Wasserfarbe stempeln. Jedes Kind findet so seine eigene Tüte auch ohne Hilfe eines Erwachsenen immer wieder.

Klitzekleines Ausmalbuch

Material: je Kind eine vergrößerte Kopie der nebenstehenden Abbildung auf weißem Papier, Schere, Kleber
Alter: ab 6 Jahren (ab 3 Jahren ohne Basteln)

Die Form des Ausmalbuches aus dem Kopierpapier ausschneiden und nach untenstehender Abbildung falten und kleben. Die Ausmalbücher eignen sich gut als kleine Preise oder Geschenke.

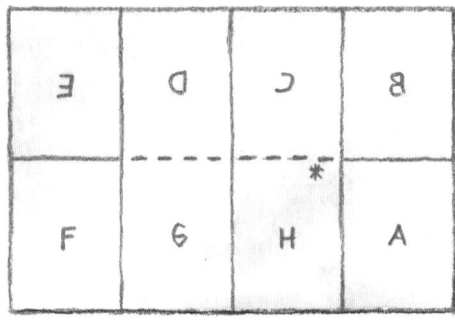

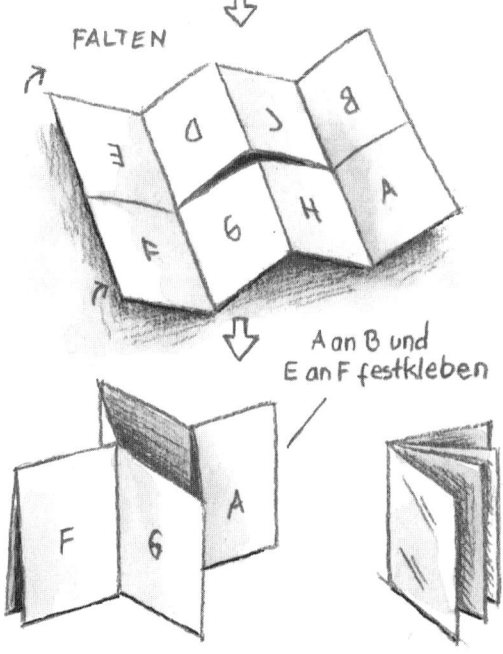

Dino-Tischsets

Material: Tonkarton und Tonpapier in beliebigen Farben, Schere, Klebstoff, selbstklebende transparente Bücherfolie
Alter: ab 4 Jahren (mit Hilfe eines Erwachsenen)

Die Dinosaurier-Körperteile vom Dino-Bausatz (s. S. 64) auf Tonpapier kopieren und je nach Alter der Kinder selbst ausschneiden oder es den Kindern überlassen. Körperteile auf den Tonkarton aufkleben und eventuell mit Sonnen, Palmen oder Vulkanen aus Tonpapier ergänzen. Der Tonkarton kann die rechteckige Form (DIN A4) eines Tischsets haben oder beliebig, aber noch groß genug, ausgeschnitten sein. Das fertige Tischset von beiden Seiten mit der Bücherfolie überziehen (hierbei brauchen die Kinder die Hilfe eines Erwachsenen); dabei an allen Seiten einen Rand von etwa einem Zentimeter stehen lassen, damit die Bücherfolie dort zusammenhält und keine Feuchtigkeit an das Papier kommen kann. Die Kinder können sich mit ihren fertigen Tischsets sofort einen Platz am Tisch suchen.

Strohhalm-Flugsaurier

Material: weißer Tonkarton, Schere, Malstifte, Strohhalme
Alter: ab 5 Jahren

Den Flugsaurier von Seite 30 etwas verkleinert auf weißen Tonkarton kopieren oder mit Hilfe einer Schablone aufmalen und ausschneiden. Nach Belieben ausmalen. Mit der Schere unter dem Kopf und über den Beinen quer etwa einen Zentimeter einschneiden und durch die entstandenen Spalten auf den Strohhalm stecken. So findet jedes Kind sein eigenes Glas während der Feier immer wieder.

Monster-Füße

Material: feste braune Pappe, Schablonen für die Füße und Hände, Schere, Stift, Gummiband
Alter: ab 5 Jahren

Vor der Feier nach der Abbildung auf S. 97 („Fußspuren-Geschichte") eine oder mehrere Schablonen für die Monster-Hände und -Füße anfertigen. Während der Feier Schablonen mit dem Stift auf die Pappe abmalen und Formen ausschneiden. In die Seiten mit der Schere je ein Loch bohren und Gummiband recht straff festknoten. Die Kinder schlüpfen mit den Händen und Füßen durch die Gummibänder und können sich gegenseitig als schreckliche Monster jagen.

Tyrannosaurus füttern

Material: einen Tyrannosaurus-Kopf (siehe „Tyranno-Fraß" auf S. 43), einzeln verpackte Süßigkeiten, Tischtennisball
Alter: ab 3 Jahren

Den Beutel mit den Süßigkeiten füllen. Die Kinder werfen abwechselnd einen Tischtennisball durch das Tyrannosaurus-Maul. Dabei sollte der Abstand zum Tyrannosaurus dem Alter der Kinder angepasst sein.
Wer trifft, darf dem Tyrannosaurus ins Maul greifen und sich eine Süßigkeit aus dem Beutel nehmen.

Puzzle-Suche

Material: dicke Pappe, Dino-Bild und Klebstoff oder Stifte, Schere
Alter: ab 3 Jahren

Entweder ein Dinosaurier-Bild (eventuell groß kopiert) auf die Pappe aufkleben oder selbst ein Bild mit den Stiften auf die Pappe aufmalen. (Zum Beispiel könnte ein Geburtstagskind vor der Feier selber den Dinosaurier aufmalen.) Für kleine Kinder sollte das Bild einfache klare Linien und Farben zeigen.
Das Bild aus der Pappe ausschneiden und je nach Alter der Kinder in große oder kleine Puzzle-Teile zerschneiden. Puzzle-Teile in der Wohnung oder im Garten verstecken. Die Kinder bekommen die gemeinsame Aufgabe, die Teile zu finden und das Puzzle zusammenzusetzen (bei schwierigen Motiven brauchen die Kinder wahrscheinlich eine Vorlage).
Ist das Puzzle fertig, gibt es vielleicht eine Belohnung.

Wir suchen Dino-Eier

Material: je Kind ein Plastik-Ei aus einem Überraschungsei, Weingummi-Dinosaurier
Alter: ab 3 Jahren

In jedes Plastikei je einen Weingummi-Dinosaurier legen. Eier in der Wohnung oder im Garten verstecken oder in einem Sandkasten vergraben. Die Kinder dürfen die Eier suchen und die Dinos auffuttern.

Stegosaurus

Material: Tapetenrest, Edding, Schere, Augenbinde, Klebeband
Alter: ab 4 Jahren

Auf die Rückseite der Tapete einen Stegosaurier ohne Knochenplatten malen. Aus einem anderen Tapetenrest für jedes Kind eine Knochenplatte ausschneiden und auf der Rückseite einen über den Finger gerollten Streifen Klebeband befestigen. Stegosaurier aufhängen. Die Kinder stellen sich der Reihe nach vor den Stegosaurus, merken sich genau, wo ihre Knochenplatte hingehört, bekommen die Augenbinde um und drehen sich mehrmals um ihre Achse. Sie versuchen, ihre Knochenplatte an die richtige Stelle des Saurierrückens zu kleben – natürlich ohne mit der freien Hand den Stegosaurus zu ertasten!

Erfrischungen

Dino-Plätzchen

Material: beliebiger Teig für Plätzchen zum Ausstechen, selbst gefertigte Schablonen oder Ausstechförmchen in Dinosaurier-Form oder Marzipan-Dinos zum Dekorieren, Zuckerguss und anderes Deko-Material
Alter: ab 3 Jahren (mit Hilfe eines Erwachsenen)

Plätzchen-Teig zubereiten und ausrollen. Entweder Dinosaurier-Figuren mit entsprechenden Formen bzw. Schablonen ausstechen oder runde Plätzchen ausstechen und backen. (Auch ein Riesen-Plätzchen in Dinosaurier-Form ist möglich, von dem die Kinder sich beim Essen Stücke abbrechen.) Nach dem Abkühlen die Dinosaurier-Plätzchen mit Zuckerguss und anderen Zutaten, zum Beispiel Zuckerperlen oder Lakritzschnur, verzieren. Auf die runden Plätzchen die Marzipan-Dinos mit Zuckerguss aufkleben.

Stegosaurus-Kuchen

Material: Zutaten für einen trockenen Kuchen in einer Kastenform, Zuckerguss, Deko-Zutaten (zum Beispiel bunte Schokolinsen, Zuckerperlen oder -schrift), für die Knochenplatten Kekse, Waffeln, Pfefferminz- oder Schokoladen-Plättchen, Mandelsplitter für die Schwanzstacheln
Alter: ab 5 Jahren (mit Hilfe eines Erwachsenen)

Kuchenteig zubereiten, backen und auskühlen lassen. Mit einem Messer den Kuchen an den Enden keilförmig zuschneiden, um Kopf und Schwanz darzustellen. Beliebig dekorieren. Zum Schluss die Plättchen oder Kekse als Knochenplatten in den Rücken stecken und am Schwanz die Mandelsplitter als Schwanzstacheln anbringen.

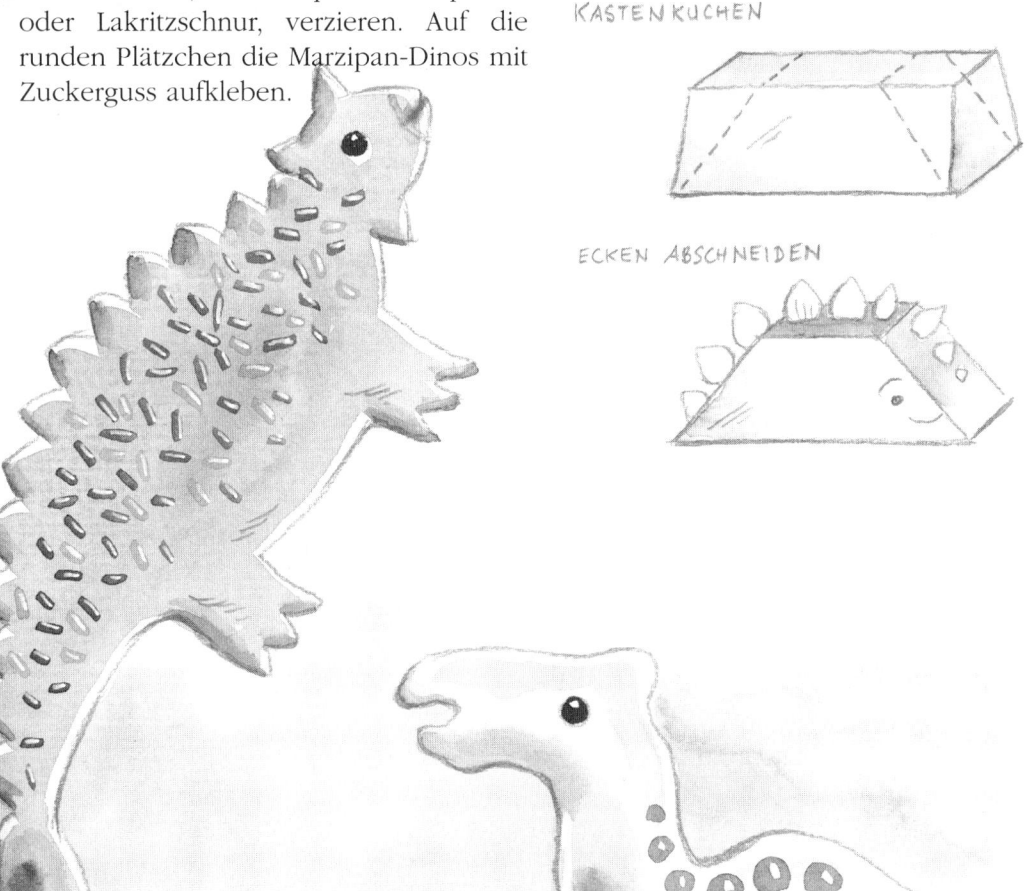

KASTENKUCHEN

ECKEN ABSCHNEIDEN

Herzhafte Fußspuren

Material: 500 g tiefgekühlter Blätterteig, 2 Eigelb, 2 Esslöffel Sahne, schwarzer Pfeffer aus der Mühle, Salz sowie nach Belieben geriebener Käse, Sesamkörner, 200 g Krabben oder 200 g dünn geschnittener Räucherlachs, 2 Teelöffel Dillspitzen
Alter: ab 5 Jahren (mit Hilfe eines Erwachsenen)

Blätterteig etwa drei Millimeter dick ausrollen und mit einem spitzen Messer Dinosaurier-Fußspuren ausschneiden. Alle Fußspuren mit Käse und/oder Sesamkörnern bestreuen. Kleine Feinschmecker belegen alternativ die Hälfte der Fußspuren mit Räucherlachs und Dill oder mit den abgetropften Krabben. Pfeffern und mit der anderen Hälfte der Fußspuren bedecken. Diese mit einer Mischung aus Eigelb, Sahne und einer Prise Salz bestreichen und mit Sesamkörnern bestreuen. Im vorgeheizten Ofen bei 220 Grad Celsius auf einem mit Backpapier ausgelegten Backblech auf mittlerer Schiene etwa 15 Minuten lang backen. Falls der Backofen eine Glastür hat, können die Kinder zusehen, wie die Fußspuren „wachsen". Lauwarm servieren.

Vulkan-Reis mit Lava

Material: Reis, Tomatensuppe aus der Tüte
Alter: ab 5 Jahren (mit Hilfe eines Erwachsenen)

Reis kochen und abgießen, Tomatensuppe mit etwas weniger Flüssigkeit als angegeben dicklich kochen. Den Reis in eine gebutterte Ringform geben und im vorgeheizten Backofen bei 200º C 5-10 Minuten backen. Reisring auf einen Teller stürzen und mit der Tomatensuppe als Lava füllen. Beim Anschneiden bricht der Vulkan aus!

Anhang

Projekte: Dinos für alle Gelegenheiten

Dino-Geburtstag in der Wohnung

Dauer: 3 Stunden
Anzahl der Kinder: 5 – 12
Alter: ab 4 Jahren

Das Geburtstagskind bereitet in der Woche vor der Feier den *Decken-Dschungel*, die *Blumen-Teelichter* und den *Süßigkeiten-Farn* vor (der allerdings erst am Tag der Feier mit Süßigkeiten bestückt wird).
Wenn die Gäste eintreffen, darf das Geburtstagskind die Geschenke auspacken. Danach basteln alle Kinder für ihre Preise oder Süßigkeiten eine *Preistüte*. Die Gastgeber reichen eine Erfrischung, zum Beispiel *Dino-Plätzchen* und Getränke oder ein Eis mit Dino-Figuren aus Marzipan oder Fruchtgummi.
Als Spiele für bastelfreudige Gastgeber folgen die *Puzzle-Suche*, *Rette sich, wer kann*, eine *Dinosaurier-Massage*, *Tyrannosaurus füttern* und *Stegosaurus*.
Wer nicht viel Zeit zum Vorbereiten hat, kann auf die *Verfolgungsjagd*, *Keulenschwänze*, *Apfel-Schnappen* und die *Stampede* zurückgreifen. Wenn Dino-Spielfiguren oder Verkleidungsmöglichkeiten zur Verfügung stehen, können diese im anschließenden Freispiel ausprobiert und benutzt werden, bis alle Gäste mit ihrer Preistüte nach Hause gehen.

Kinder-Geburtstag auf der Wiese

Dauer: 3 Stunden
Anzahl der Kinder: 5 – 12
Alter: ab 5 Jahren

Als Renn- und Tobespiele für draußen bieten sich *Tyrannosaurus, wie komme ich über die Wiese*, *Dino-Fangen* oder *Velociraptor, Guten Tag, Frau Saurus, Schützt das Junge* und *Tyranno-Stop* an. Wenn die Spielleitung Wert auf eine Pause mit Bastelaktion legt, können die Kinder die Blumen für *Biene und Blume* vorbereiten und es anschließend spielen. Eher ruhige Spiele sind auch *Eierdieb* und das *Dino-Quiz*. Wenn die Kinder eine Pause brauchen, gibt es ein Dino-Picknick mit *Herzhaften Fußspuren* und Frikadellen, die grob wie ein Stegosaurus geformt und mit Mandelplättchen und -stiften ausdekoriert sind. Mineralwasser oder andere Getränke sollten reichlich vorhanden sein, da das Rennen und Toben die Kinder sicher sehr durstig macht!

Gruppen-Nachmittag

Dauer: 3 Stunden
Anzahl der Kinder: 10 – 25
Alter: ab 5 Jahren

Wenn der Spielleitung die Namen der Kinder vorher nicht bekannt sind oder diese sich untereinander nicht kennen, sollte der Nachmittag mit dem Basteln von *Namensschildern* und einer Begrüßungsrunde beginnen, bei der jedes Kind außer Name und Alter seinen Lieblingsdinosaurier nennt.

Es geht weiter mit einem *Fehlerbild* und einem Gespräch mit den Kindern, wobei die Spielleitung die *Zeit-Kette* oder die *Zeit-Schnur* an passender Stelle einfügt. Außerdem können die Kinder ausprobieren, wie Dinosaurier und Krokodile liefen (siehe *Dino-Beine*) und wie groß ein *Diplodocus* war, indem sich alle an der Hand fassen und die Spielleitung mit einem Zollstock die Länge nachmisst.

Die Kinder bekommen die Gelegenheit, sich mit *Guten Tag, Frau Saurus*, *Schützt das Junge* und *Velociraptor* oder anderen Rennspielen auszutoben.

Nach einer Pause führt die Spielleitung die Kinder in paläontologisches Arbeiten ein. In das Gespräch darüber baut die Spielleitung den *Foto-Apparat*, den *Versteinerten Dino-Kot* (den die Kinder zu Hause backen) und ein Überraschungsei mit Fruchtgummi-Dino für jedes Kind ein. Im Anschluss daran beginnt die Ausgrabungs-Expedition mit einer vorher ausgelegten *Fußspuren-Geschichte* und einer Ausgrabung von *präparierten Knochen* in einem Sandkasten.

Dinosaurier-Veranstaltung über drei Nachmittage

Dauer: 3 x 3 Stunden
Anzahl der Kinder: 10 – 20
Alter: ab 5 Jahren

Tag 1 beginnt mit *Namensschildern* und einer Vorstellrunde. Es folgen *Fehlerbild* und Tobespiele (zum Beispiel *Tyrannosaurus, wie komme ich über die Wiese* und *Guten Tag, Frau Saurus*). Nach einer Pause beginnen die Kinder mit dem Bau einer *Dino-Landschaft*. (Alle Kleister-Aktivitäten sollten an diesem Nachmittag abgeschlossen werden!) Der Nachmittag endet mit einem Buch (s. Literaturliste auf S. 125)

Tag 2 beginnt damit, dass die Kinder ihre Landschaft fertig stellen. (Zwischen Tag 1 und Tag 2 sollte mindestens ein Tag Pause sein, damit die Kleister-Gebilde trocknen können!) Es schließen sich Tobe-Spiele wie *Velociraptor*, *Weg da!* und *Tyranno-Stopp* sowie der *Eierdieb* an. Nach einer Pause gibt es die *Dinosaurier-Massage* und den *Vulkan*. Danach geht die Spielleitung mit den Kindern im Gelände auf *Käferjagd*. Auch an diesem Tag liest die Spielleitung zum Abschluss ein Buch vor.

Tag 3 beginnt mit einem Gespräch über Fossilien, in dessen Verlauf die Kinder den *Versteinerten Dino-Kot* herstellen. Es folgt eine *Ausgrabungs-Expedition*. Nach einer Pause gibt es erneut Tobespiele, zum Beispiel *Leit-Dino* und *Nistplatz-Suche* (die auch gut im Stehen zu spielen sind), *Siebter Sinn* und ein *Dino-Quiz*. Als krönenden Abschluss legen alle Kinder ihre Landschaften zusammen und bespielen sie mit mitgebrachten Dino-Figuren.

Dino im Kindergarten

Das Thema Dinosaurier eignet sich sehr schön für längerfristige Projekte im Kindergarten. Die Kinder können unter Anleitung selbständig einen Teil der Räumlichkeiten dekorieren, Dinosaurier aus den verschiedensten Materialien selbst gestalten, malen oder zusammensetzen und im Spiel das Leben der Dinosaurier kennen lernen. Fast alle der Aktivitäten in diesem Buch lassen sich im Kindergarten einsetzen. Besonders gut geeignet sind *Decken-Dschungel und Fenster-Urwald, Zimmer-Urwald, Im Land der Riesen-Insekten* und *Biene und Blume, Es war ein Dino klitzeklein, Verfolgungsjagd, Dino-Bausatz, Stummelarme, Nistplatz-Suche, Aus welcher Richtung weht der Wind?, Urzeit-Musik, Lichtsuche* und *Leben aus dem Schlamm* sowie *Schokodon und Kichersaurus, Dinosaurier-Eier* und *versteinerter Dino-Kot*.

Schul-Projekt-Woche

Während einer Projekt-Woche zum Thema Dinosaurier können die Kinder Gruppen zu bestimmten Themen bilden, die sie besonders interessieren. Diese Arbeitsgruppen können sich nach den Kapiteln dieses Buches richten. Denkbar wäre aber auch die Beschäftigung mit einer einzigen Dinosaurier-Art. Jede Gruppe sollte als Abschluss ihre Ergebnisse in Form von Texten, Bildern oder mit anderen gestalterischen Mitteln darstellen.

Sehr schön lässt sich ein einführender oder abschließender Museumsbesuch in die Woche integrieren. Die meisten Museen bieten pädagogisches Material oder Führungen für Schulklassen an.

Für die Projekt-Woche bieten sich folgende Aktivitäten als Ausgangsbasis oder Ergänzung zu anderen Materialien an: *Pangäa-Puzzle, Dino-Landschaft im Karton, Zeit-Tafel, Diplodocus, Riesen-Knochen, Knochen präparieren, Hoch hinaus, Zähne* und *Kamm-Zähne, Dino-Figuren aus verschiedenem Material, versteinerter Dino-Kot* und *Dinosaurier-Eier, Dinosaurier-Buch, Dino-Quiz, Wärme mich, Sturm im Wasserglas* und *Ascheregen*.

Dinosaurierfunde in Deutschland

Während der Erdmittelalters wanderte das Stück Erde, das wir heute Deutschland nennen, auf der eurasischen Kontinentalplatte in Richtung Norden und Osten. In dieser Zeit stieg und fiel der Meeresspiegel mehrfach und verschiedene Teile des Landes hoben und senkten sich.

Deutschland in der Trias

Das Land: Gegen Ende der Trias, als die ersten Dinosaurier aufkamen, war der größte Teil Deutschlands von einem flachen Binnenmeer bedeckt, dem Germanischen Becken, das immer mehr verlandete. Im Süden Deutschlands ragte das Vindelizische Land empor.

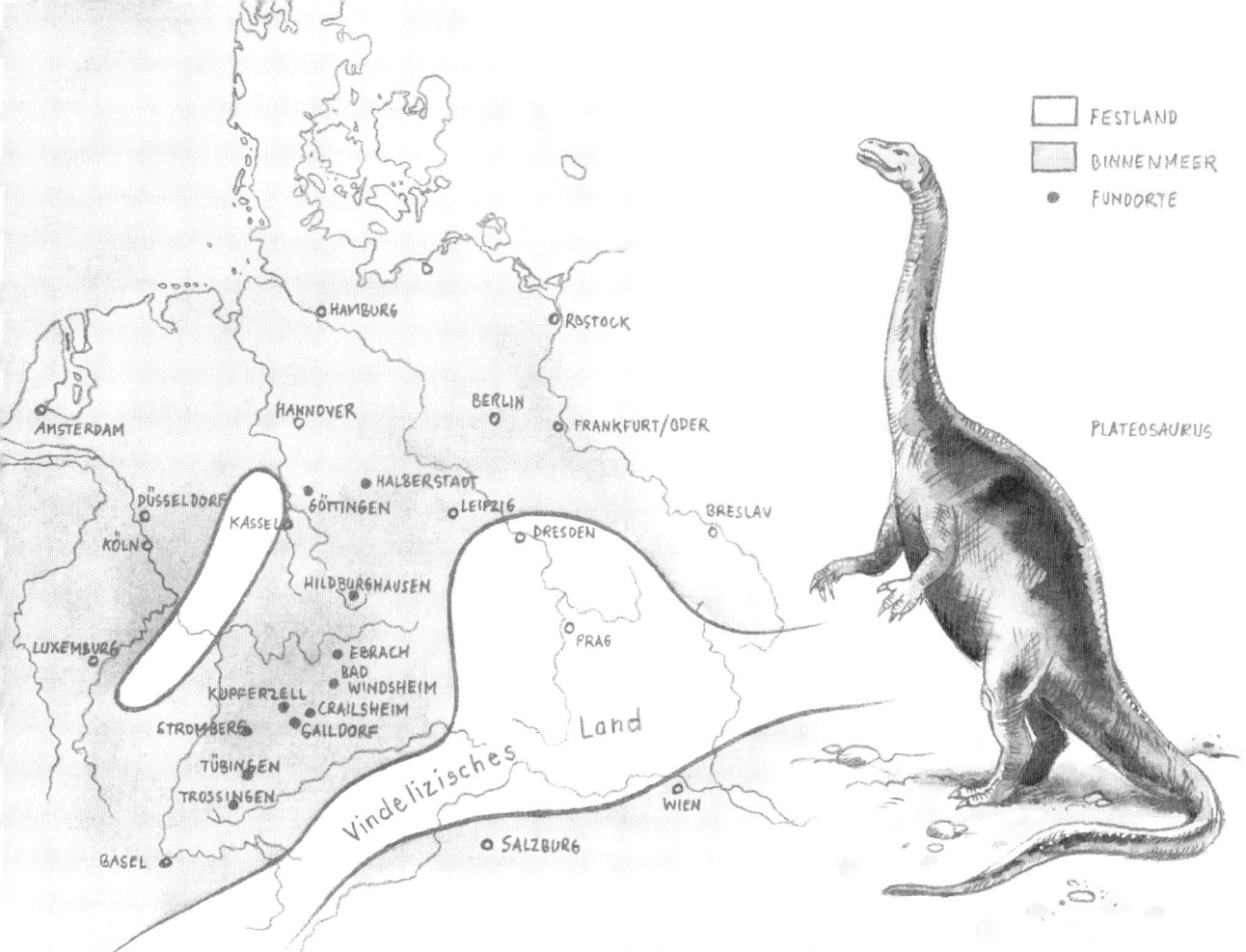

Die Pflanzen: In den Küstenregionen und den großflächigen Flussdeltas wuchsen Farne, Koniferen und Schachtelhalme, und in Württemberg fanden PaläontologInnen die fossilen Überreste von Farnen und Palmfarnen.

Plateosaurus: 1837 beschrieb der Frankfurter Paläontologe Hermann von Meyer den Dinosaurier Plateosaurus nach einem Fund in der Nähe von Nürnberg. Plateosaurier scheinen in der Trias in Deutschland recht häufig gewesen zu sein. Es waren bis zu zehn Meter große, schwerfällige Tiere, die vermutlich in Herden lebten. Plateosaurus-Fossilien fanden ForscherInnen in Franken, Thüringen und um Magdeburg herum, der weltweit wichtigste Fundort jedoch ist Trossingen in Württemberg. Dort fanden ForscherInnen so viele Skelette, dass Plateosaurus auch als der „schwäbische Lindwurm" bekannt ist.

Halticosaurus: Aus Württemberg und Thüringen stammen Funde von Halticosaurus. Sein leichter Knochenbau, der lange Schwanz und die kräftigen Beine deuten auf einen flinken Fleischfresser hin. Halticosaurus war mehr als fünf Meter lang und drei Meter hoch.

Andere Saurier: In Thüringen fanden ForscherInnen außerdem die Überreste des Theropoden Liliensternus. Ebenfalls aus Württemberg stammen die Fossilien von Sellosaurus gracilis (ein früher Verwandter der Sauropoden) und Procompsognathus, der auf den Hinterbeinen lief und etwas über einen Meter lang war. Procompsognathus war wahrscheinlich der Urahn von Compsognathus (s. Jura).

Deutschland zu Beginn des Jura

Das Land: Mit Beginn des Jura sank das Germanische Becken wieder ab; das Meer flutete herein. Nur das Rheinische Massiv um Köln herum und das Vindelizische Land ragten aus dem Wasser.

Die Pflanzen: Neue Pflanzen setzten sich durch. Wüsten und Halbwüsten dehnten sich aus; dichten Pflanzenwuchs gab es nur in Gewässernähe. Ginkgos und Lebermoose traten zum ersten Mal auf.

Ohmdenosaurus: PaläontologInnen fanden Stücke eines Beinknochens des Sauropoden Ohmdenosaurus bei Ohmden in Württemberg. Über das Aussehen oder die Lebensweise dieses Dinosauriers ist nichts bekannt.

Emausaurus: Aus Mecklenburg-Vorpommern stammen Schädelstücke und Wirbelfragmente von Emausaurus ernsti. Dieser Dinosaurier könnte der einzige belegte Ankylosaurier-artige Saurier in Deutschland sein, doch aufgrund der wenigen Fundstücke können PaläontologInnen nicht sicher sein.

Deutschland am Ende des Jura

Das Land: Das Meer verflachte, es gab wieder mehr Festland. Die Mitteldeutsche Schwelle bildete eine riesige Insel und Norddeutschland gehörte zur Pompeckjschen Schwelle. Die Oberharz-Schwelle und die Böhmische Insel ragten aus dem Wasser. Im Süden Deutschlands war das Vindelizische Land unter den Wellen verschwunden; stattdessen lagen dort ausgedehnte Korallenbänke. Das Klima glich dem der Südsee, mit mittleren Temperaturen über 30 Grad Celsius.

Die Fußspuren von Barkhausen: Im niedersächsischen Barkhausen finden sich die Fußspuren von Megalosaurus teutonicus und Elephantopoides barkhausenensis. Megalosaurus war ein bis zu drei Metern hoher Raubsaurier, der auch in England und Frankreich vorkam, Elephantopoides ein Sauropode. Er könnte dem nordamerikanischen Dinosaurier Diplodocus geähnelt haben, war aber mit etwa 13 Metern Länge nur halb so groß.

Compsognathus: Aus den bekannten Fundstätten in Solnhofen stammen Fossilien von Compsognathus. Compsognathus lief auf den Hinterbeinen, seine Vorderbeine waren kurz und besaßen zweifingrige Hände. In der spitzen Schnauze saßen messerscharfe Zähne, mit denen er seine Beute – wahrscheinlich kleinere Reptilien – packte.

Archaeopteryx: Weltberühmt sind die Funde von Archaeopteryx aus der Umgebung von Solnhofen, Eichstätt und Jachenhausen. Archaeopteryx vereinte in seinem Körperbau Merkmale von Dinosauriern und den heutigen Vögeln und weist damit vielleicht auf eine enge Verwandtschaft zwischen Dinosauriern und Vögeln hin.

Deutschland zu Beginn der Kreide

Das Land: Deutschland lag größtenteils über dem Meeresspiegel. Nur Niedersachsen, Brandenburg und der südwestliche Zipfel Deutschlands waren vom Meer bedeckt.

Die Pflanzen: Weit verbreitet waren Ginkgo-Gewächse, Palmfarne und Koniferen, Araukarien und Vorläufer der heutigen Mammutbäume.

ARCHAEOPTERYX

Iguanodon: Iguanodon hinterließ an verschiedenen Orten bis zu 40 Zentimeter große, dreizehige Fußspuren. Außerdem fanden ForscherInnen bei Brilon im Sauerland Überreste von etwa 20 Iguanodonten, darunter auch Knochen von Jungtieren.

Stenopelix: Von Stenopelix valdensis sind einige Knochenabdrücke erhalten geblieben, aus denen PaläontologInnen schließen, dass er eine Gesamtlänge von etwa zwei Metern erreichte. Die Funde stammen aus der Gegend von Bückeburg bei Minden.

Die Fußspuren von Münchehagen: Mehrere Dinosaurier der Art Rotundichnus muenchehagensis, ein naher Verwandter des Apatosaurus, hinterließen sieben Fährten – darunter eine 60 Meter lange Fußspur – mit über 250 Fußabdrücken bei Münchehagen in Niedersachsen. Sie ist der einzige Anhaltspunkt für das Vorkommen eines großen Sauropoden in Deutschland aus dieser Zeit. Die einzelnen Fußspuren haben eine rundlich-ovale Form; die Hinterfüße haben einen mittleren Durchmesser von 90 Zentimetern. Aus dem Abstand der Spuren zueinander und ihrer Größe schlossen ForscherInnen auf eine Beinlänge von etwa drei Metern. Bei Münchehagen fanden PaläontologInnen auch Fußspuren eines Theropoden.

Deutschland gegen Ende der Kreide

Das Land: Deutschland lag wieder unter dem Meeresspiegel, bis auf einen 800 Kilometer langen Festlandsstreifen, der sich von Luxemburg über das Rheinland bis nach Österreich zog.

Die Saurier: Aus dieser Zeit sind in Deutschland keine Dinosaurier-Funde bekannt. Das heißt nicht, dass damals keine Dinosaurier in Deutschland lebten. In anderen europäischen Ländern hat es durchaus Funde gegeben. Sicher wird die Zukunft noch die eine oder andere Entdeckung bringen.

Museen und Ausgrabungsstätten

Selbstverständlich kann die folgende Liste keinen Anspruch auf Vollständigkeit erheben. Es gibt sicherlich noch viele Museen in Deutschland, die über Dinosaurier-Exponate verfügen. Andererseits enthält die Liste auch Museen, die in ihrer Ausstellung Saurier oder die Urzeit allgemein präsentieren. Im Internet gibt es unter *http://webmuseen.de* eine ausführliche Liste aller deutschen Museen zum Weitersuchen.

Museum für Naturkunde der Humboldt-Universität
über Museum für Naturkunde
Invalidenstraße 43
10115 Berlin
http://www.museum.hu-berlin.de

Niedersächsisches Landesmuseum
Am Maschpark 5
30169 Hannover

Dinosaurier-Freilichtmuseum Münchehagen
Alte Zollstraße 5
31547 Rehburg-Loccum
http://www.dino-park.de

Lippisches Landesmuseum
Ameide 4
32756 Detmold
http://www.lippisches-landesmuseum.de/NK.htm

Museum für Geologie und Paläontologie
Goldschmidtstraße 3
37077 Göttingen
http://www.imgp.gwdg.de/museum/museum/welcome.htm

Museum Heineanum
Domplatz 37
38820 Halberstadt

Geologisch-Paläontologisches Museum
Pferdegasse 3
48143 Münster
http://www.uni-muenster.de/Dezernat2/museum/d2musegm.htm

Westfälisches Museum für Naturkunde
Sentruper Straße 285
48161 Münster
http://www.lwl.org/naturkundemuseum/naturk01.htm

Museum am Schölerberg
Am Schölerberg 8
49082 Osnabrück
http://nostromo.physik.uni-osnabrueck.de/students/ahaenel

Saurierfährten Barkhausen
über Tourist-Information Bad Essen
Lindenstraße 39
49152 Bad Essen
http://www.badessen.de/Spuren.htm

Naturmuseum Senckenberg
Senckenberganlage 25
60325 Frankfurt am Main
http://www.senckenberg.uni-frankfurt.de
http://senckenberg.uni-frankfurt.de/sm/dino.htm – Eine Bilderführung durch das Museum und eine Kinderseite mit Memory und Puzzle.

Staatliches Museum für Naturkunde am Löwentor
Rosenstein, Gewann 1
70191 Stuttgart
http://www.naturkundemuseum-bw.de/
(mit Kinderseite)

Institut und Museum für Geologie und Paläontologie
Sigwartstraße 10
72076 Tübingen
http://www.uni-tuebingen.de/geo/gpi/gpihome.html

Urweltmuseum Hauff
Aichelbergstraße 90
73271 Holzmaden
http://www.urweltmuseum.de
(mit online-Urweltquiz für Kinder und Jugendliche)

Urweltmuseum
Reichsstädter Straße 1
73430 Aalen

Hohenloher Urweltmuseum
Hauptstraße 13
74638 Waldenburg

Naturhistorisches Museum der Städtischen Museen Heilbronn
Kramstraße 1
74072 Heilbronn
http://webmuseen.de/Heilbronn/Staedtische-Museen/Natur.html

Heimatmuseum Trossingen
Marktplatz 6
78647 Trossingen

Paläontologisches Museum München
Richard-Wagner-Straße 10
80333 München
http://www.palaeontologie.geo.uni-muenchen.de/PSM_Home.htm

Jura Museum
Willibaldsburg
Burgstraße 19
85072 Eichstätt
http://www.altmuehltal.de/eichstaett/jura-museum.htm

Urwelt-Museum Oberfranken
Oberfränkisches Erdgeschichtliches Museum
Kanzleistraße 1
95444 Bayreuth
http://home.t-online.de/home/Urwelt-Museum-Oberfranken/urwelt1.htm

Web-sites

Im Internet gibt es hunderte von web-Seiten, die sich den Dinosauriern widmen. Viele dieser Seiten verweisen in „links" auf andere mit dem gleichen Thema. Allerdings sind einige der schönsten web-Seiten auf Englisch. Hier eine Auswahl:

http://www.lwl.org/naturkundemuseum/index.htm
Deutsche Web-Seite des Naturkundemuseums in Münster mit einem Überblick über die Ausstellungen des Museums.

http://www.dinosauria.com
Englisches Dinosaurier-Nachschlagewerk inklusive der richtigen Aussprache der Dinosauriernamen; außerdem Bildergalerie und links.

http://people.freenet.de/juraundkreide/
Deutsche Informationen und Unterhaltsames zum Thema Dinosaurier. Schön mit Animation und Kinderseite.

http://www.fritz-kids-club.com/_sammelb/fr_saml.htm
Eine kindgerechte Reise durch die Urzeit in deutscher Sprache; mit Malvorlagen.

http://www.EnchantedLearning.com/subjects/dinosaurs/
Eine bunte englische Web-Seite mit Malvorlagen, Bastelideen und Infos für Kinder.

http://www.interlog.com/~dinoguy/kids.html
Malvorlagen und Ratespiel sowie eine Galerie, in der Kinder ihre selbst gemalten Dino-Bilder ausstellen können (in englischer Sprache).

http://dinosaur.umbc.edu =
http://dinosauricon.com oder
http://www.dinosauricon.com
Eine englischsprachige Web-Seite mit detaillierten Informationen, einer Bilderausstellung und vielen wertvollen links.

http://www.epilog.de/Bibliothek/Dino-Media/index.htlm
Überblick über Dinosaurier in den Medien in deutscher Sprache.

Literatur

Es gibt so viele schöne Bücher über Dinosaurier und die Urzeit, dass die Auswahl schwer fällt. Sachbücher zu diesem Thema sollten generell nicht älter als zehn, maximal 15 Jahre alt sein, da die Forschung mit jedem Jahr fortschreitet. Es lohnt sich auch beim Kauf auf das Bildmaterial zu achten, da ja bekanntlich ein Bild mehr sagt als tausend Worte. Bilder, auf denen die Dinosaurier als träge und dumm dargestellt sind, sind nicht mehr aktuell.

Sachbücher für Kinder und Erwachsene

Robert Bakker: The Dinosaur Heresies, Penguin Books 1988
Ein Buch vom enfant terrible unter den PaläontologInnen mit vielen faszinierenden Denkanstößen. Nur für Fortgeschrittene.

Jill Bailey und Tony Seddon: Urgeschichte (aus der Young Oxford-Reihe), Beltz Verlag 1999
Schön gemachtes Buch für ältere Kinder.

Michael Benton: Das große Buch der Dinosaurier, Tessloff Verlag 2000
Sehr schönes Buch mit knappem Text und vielen Bildern; auch schon für Kinder in den letzten Grundschuljahren.

Maria Luisa Bozzi, Silvio Bruno, Stefano Maugeri: Dinosaurier, Neuer Kaiser Verlag 1994
Sehr umfassendes Werk über alle Aspekte der Dinosaurier-Forschung. Nur für ältere Kinder und Erwachsene, die wirklich einsteigen wollen.

Barry Cox, Dougal Dixon, Brian Gardiner, R.J.G. Savage: Dinosaurier und andere Tiere der Vorzeit, Mosaik Verlag 1989
Wunderschöne Enzyklopädie der gesamten prähistorischen Tierwelt. Ein Tierlexikon der ausgestorbenen Arten.

Ted Dewan und Steve Parker: Von Innen: Dinosaurier und andere Tiere der Urzeit, Union Verlag 1994
Sehr schön bebildertes Buch für alle, die sich für das Innere von Lebewesen interessieren!

Tim Haines: Dinosaurier – Im Reich der Giganten, vgs verlagsgesellschaft 1999
Das Buch zur BBC-Fernsehserie. Unglaubliche Bilder, aber viele Mutmaßungen im Text.

Jinny Johnson: Das Lexikon der Saurier, Ravensburger 2000
Die 250 wichtigsten Saurier – nicht nur Dinosaurier – nach Trias, Jura und Kreide sortiert. Sehr schön.

Kinder entdecken ... die Welt der Dinosaurier, TimeLife Kinder-Bibliothek, TimeLife Books B.V. 1989
Sehr schön für Kinder im Vorschulalter und in den ersten Grundschuljahren. Viele lustige Bilder mit kleinen Anmerkungen für Eltern, ErzieherInnen und LehrerInnen.

Peter Klepsch und Thomas Thiemeyer: Das große Buch der Saurier, Ravensburger 2000
Ein altes Buch von 1989 mit neuem Umschlag; man merkt es an den Bildern.

David Lambert: Der neue große Bildatlas der Dinosaurier, Mosaik Verlag 1993
Jede Menge Dinosaurier-Wissen, festgemacht an Porträts vieler Dinosaurier. Sehr schönes Buch.

William Lindsay: Corythosaurus: einer der besterforschten „Entenschnabelsaurier";

Triceratops: einer der wehrhaftesten Pflanzenfresser der Urzeit (es gibt noch mehr Bücher in dieser Reihe), Gerstenberg 1993
Recht knappe Bücher, die jeweils nur einen Dinosaurier behandeln.

Christopher McGowan: Dinosaurs, spitfires, & sea dragons, Harvard University Press 1983
Wissenschaftliches, aber sehr lebendig geschriebenes Buch für eingefleischte Fans.

Patricia Mennen und Hans Schellenberger: Wieso? Weshalb? Warum? Alles über Dinosaurier, Ravensburger 2000
Ein Buch für die ganz kleinen Dinosaurier-Fans!

David Norman: Dinosaurier, Bertelsmann 1991
Schönes umfassendes Buch mit phantastischen Zeichnungen. Für Familien und ältere Kinder, die sich ernsthaft interessieren.

David Norman und John Sibbick: Dinosaurier regierten die Welt, Gondrom Verlag 1994, engl. Original von 1985
Übersichtliches Buch für Kinder von einem renommierten Paläontologen, aber leider schon recht alt.

Joachim Oppermann: Was ist Was – Dinosaurier (Band 15), Tessloff Verlag 1999
Vom Umfang her eher begrenzt. Aber wer Was ist Was-Bücher sammelt, macht damit keinen Fehler.

Ernst Probst: Deutschland in der Urzeit, C. Bertelsmann Verlag 1986
Sehr ausführliches, wissenschaftlich orientiertes Buch, das nicht nur Dinosaurier, sondern sämtliche deutschen Funde aus der Urzeit behandelt.

Taschen-Brockhaus Dinosaurier, Brockhaus 1999
Klein, schön aufgemacht und sehr informativ.

Vorlesebücher

James Gurney: Dinotopia – Band 1 und 2
Ein Dinosaurier-Märchen für Erwachsene und ältere Kinder. Reich bebildert und liebevoll im Detail. Wunderschön!

Wolfram Hänel und Alex de Wolf: Lila und der regenbogenbunte Dinosaurier, Nord-Süd Verlag 1994
Lustiges, kurzes Buch aus der „Ich lese selber"-Reihe mit liebevollen Zeichnungen von Alex de Wolf. Auch schon zum Vorlesen im Vorschulalter.

John Horner und James Gorman: Horner und Gorman erzählen von den Dinosauriern, Verlag Friedrich Oetinger 1993
Wundervolles Buch über das Leben eines Maiasaurus aus der Sicht des Tieres – von „dem" Horner, der alles über diese Tiere weiß, was man wissen kann! Da macht es auch nichts, dass das Buch im Original schon 1985 erschien.

Jutta Langreuther und Jacques Petit-Jean-Boret: Julie bei den Sauriern, arsEdition 1994
Schönes träumerisches Buch mit ausdrucksstarken Bildern, in dem mal ein Mädchen die Hauptrolle spielt.

Paul Stickland und Henrietta Stickland: Dino-Geflüster, ars edition 1994
Ein liebevoll und lustig gezeichnetes Buch für Kinder ab zwei Jahren.

Dieter Wiesmüller: Pernix – Die Abenteuer eines kleinen Sauriers im Urzeitwald, Verlag Sauerländer 1992
Wunderschöne Bilder aus dem Urzeitdschungel, und die sich bewegenden Saurier sind sehr gut eingefangen. Die Saurier werden allerdings stark vermenschlicht.

Wörterbuch

Ammoniten sind ausgestorbene Verwandte der Tintenfische, die in einer spiralig aufgewundenen Schale durch die Meere schwebten. Ammoniten traten zum ersten Mal vor etwa 408 Millionen Jahren auf und starben mit den Dinosauriern am Ende der Kreidezeit aus. (Abb. s. S. 32)

Anatomie ist die Wissenschaft, die sich mit Form und Körperbau der Lebewesen befasst. Das Wort stammt vom griechischen „ana temnein" und bedeutet „aufschneiden", da das Sezieren von Tierkadavern die Grundlage dieser Wissenschaft darstellt. Vergleichende Anatomie sichtet ähnliche Körpermerkmale verschiedener Tierarten, um Rückschlüsse über Anpassung und Evolution der Tiere zu ziehen.

Art Der schwedische Biologe Carl von Linné führte 1735 das System ein, in dem alle Lebewesen aufgrund ihrer Verwandtschaft zu anderen Tieren einen festen Platz haben. Tiere einer Art sind so nah verwandt, dass sie sich untereinander fortpflanzen können und fruchtbare Nachkommen hervorbringen. Tiere unterschiedlicher Arten können keine fruchtbaren Nachkommen hervorbringen und paaren sich normalerweise auch nicht. Ähnliche Arten bilden zusammen eine Gattung. Verschiedene Arten der gleichen Gattung sind näher miteinander verwandt als mit Tieren anderer Gattungen. Dieses System lässt sich weiterführen, bis es alle Tiere und Pflanzen umfasst. Dabei trägt jede Tierart einen zweiteiligen, meist lateinischen Namen. Der erste Name gibt die Gattung an, zu der das Tier gehört; der zweite Name steht für die Tierart. Tyrannosaurus rex bedeutet also die Art rex aus der Gattung der Tyrannosaurier.

Auf Art und Gattung folgen Familien, Ordnungen, Klassen, Stämme und Reiche. Am Beispiel Tyrannosaurus rex bedeutet das, das die Art rex zur Gattung Tyrannosaurus, zur Familie der Tyrannosaurus-ähnlichen Tiere, zur Ordnung Saurischia, zur Klasse der Reptilien, zum Stamm der Wirbeltiere und zum Tierreich gehört.

Aussterben Vollständiges Verschwinden einer Tier- oder Pflanzenart oder -gattung.

Cycadeen (Palmfarne) waren die vorherrschenden Pflanzen in der Mitte des Erdaltertums; die heute lebenden Arten sind auf die Tropen beschränkt. Sie gleichen Palmen mit einer Krone aus Farnwedeln.

Darwin Charles Darwin (1809–1882) entwickelte die Theorie der Evolution und stellte sie 1859 in seinem Buch „Über die Entstehung der Arten" vor. In seiner Jugend unternahm er eine fünfjährige Schiffsreise auf der „Beagle" nach Südamerika und zu einigen pazifischen Inseln (unter anderem zu den Galapagos-Inseln), die den Grundstein legte für seine späteren Arbeiten.

Dimetrodon („zwei Größen von Zähnen") Dimetrodon wird in Kinderbüchern oft irrtümlich zu den Dinosauriern gerechnet. Er gehörte jedoch zu den reptilischen Vorfahren der Säugetiere und lebte nicht im Erdmittelalter, sondern im Perm des Erdaltertums. (Abbildung s. S. 48/49)

Erdaltertum oder Paläozoikum. Das Erdaltertum begann mit der Entstehung der Erde vor 4,6 Milliarden Jahren und endete vor 248 Millionen Jahren.

Erdmittelalter oder Mesozoikum. Das Erdmittelalter begann vor 248 Millionen Jahren und endete vor 65 Millionen Jahren. Es gliedert sich in Trias, Jura und Kreide.

Erdneuzeit oder Känozoikum. Die Erdneuzeit begann vor 65 Millionen Jahren und beinhaltet die Jetztzeit.

Evolution Unter Evolution versteht man den Prozess, bei dem neue Arten durch Veränderung aus früheren Formen entstehen. Dabei wirkt die natürliche Umwelt als Auswahlfaktor, welche Veränderungen zu mehr Nachkommen einer Art führen und welche nicht.

Fossilien sind die versteinerten Überreste, Abdrücke oder Spuren von Pflanzen und Tieren. Das Wort stammt aus dem Lateinischen und bedeutet „ausgegraben".

Gastrolith ist ein „Magenstein". Manche Dinosaurier (und einige heute lebende Vögel) verschluckten Steine, die zum Zermahlen der Nahrung im Magen dienten.

Gattung siehe Art

Geologie ist die Wissenschaft von den Gesteinen und der Erdgeschichte.

Gondwana war ein großer Kontinent aus dem heutigen Afrika, Australien, Indien, Südamerika und der Antarktis, der sich von Pangäa abspaltete.

Jura Ein Abschnitt des Erdmittelalters, der vor 213 Millionen Jahren begann und vor 144 Millionen Jahren endete.

Koniferen sind Nadelbäume, also Bäume wie Tannen, Kiefern und Fichten, deren Samen von Zapfen umgeben sind.

Kontinentaldrift ist die langsame Verschiebung der Kontinente auf dem Erdmantel.

Koprolith ist versteinerter Kot.

Kreide Ein Abschnitt des Erdmittelalters, der vor 144 Millionen Jahren begann und vor 65 Millionen Jahren endete. Die Dinosaurier und viele andere Tier- und Pflanzenarten starben gegen Ende der Kreidezeit aus.

Lamarck Jean-Baptiste de Monet, Chevalier de Lamarck (1744–1829), ein französischer Biologe, nahm an, dass Tiere die im Laufe ihres Lebens erworbenen Eigenschaften an ihre Nachkommen weitergeben, und wurde erst von Charles Darwin und dessen Theorie der Evolution widerlegt. Lamarck prägte 1802 als erster Wissenschaftler den Begriff „Biologie".

Laurasien war der nördliche Kontinent aus Nordamerika, Europa und Asien, der sich von Pangäa abspaltete.

Mammut Es gab mehrere verschiedene Mammut-Arten, doch das Wollhaarmammut gilt als das typische Mammut. Es lebte während der letzten Million Jahre in Europa, Asien und Nordamerika und starb vor etwa 10.000 Jahren aus, woran unsere Vorfahren, die das Mammut intensiv bejagten, neben dem sich verändernden Klima sicherlich einen Anteil hatten. Berühmt sind die Darstellungen von Mammuts auf Höhlenwänden aus Frankreich und Spanien.

Mesozoikum siehe Erdmittelalter

Nahrungskette ist die Abfolge, in der Tiere und Pflanzen aufeinander als Nahrung angewiesen sind. Eine typische Nahrungskette könnte so lauten:
Pilz – Schnecke – Igel – Fuchs.

Paläontologie ist die Wissenschaft von den Lebewesen vergangener Erdzeitalter.

Pangäa war ein Riesenkontinent, in dem sämtliche Landmassen der Erde vereinigt waren. Er existierte im Perm und in der Trias und zerfiel in Gondwana und Laurasien.

Perm war die letzte Epoche des Erdaltertums. Das Perm begann vor 286 Millionen Jahren und endete vor 248 Millionen Jahren.

Plankton Unter Plankton versteht man winzige, teilweise nur unter dem Mikroskop sichtbare Tiere oder Pflanzen, die im Süß- oder Meerwasser schweben. Plankton dient als Nahrung für viele andere Tiere.

Präparator Präparatoren machen für Museen, wissenschaftliche Institute oder Zoos Tiere und Pflanzen oder Teile davon haltbar, zum Beispiel durch Ausstopfen oder Trocknen.

Reptilien sind lungenatmende Wirbeltiere mit trockener, schuppiger Haut, die zum größten Teil eierlegend sind. Reptilien sind außerdem Kaltblüter, d.h. ihre Körpertemperatur hängt ab von der Außentemperatur. Die ersten Reptilien traten im Perm auf. Heute gibt es etwa 6.000 Arten.

Säbelzahntiger Der typische Säbelzahntiger ist der Smilodon, der während der letzten Million Jahre in Nord- und Südamerika lebte, heute aber ausgestorben ist. Säbelzahntiger (die mit den heutigen Tigern nicht näher verwandt sind) jagten, indem sie sich an ihre Beute anschlichen, ihnen mit den großen Säbelzähnen tiefe Wunden zufügten und dann warteten, bis das Tier verblutete. Sie jagten vor allem Mammuts und Bisons.

Sandstein ist ein zum größten Teil aus Quarzkörnern bestehendes Gestein. Als Bindemittel für die Quarzkörner sind Ton, Kalk oder ähnliche Substanzen beigemischt.

Säugetiere sind Wirbeltiere, die ihre Jungen mit Milch säugen. Weitere Kennzeichen von Säugetieren sind Haare und Warmblütigkeit, d.h. Säugetiere erzeugen in ihrem Körper Wärme und sind dadurch von der Außentemperatur unabhängig. Die ersten Säugetiere traten bereits in der Trias auf.

Symbiose ist das Zusammenleben verschiedener Lebewesen zu gegenseitigem Nutzen.

Trias Ein Abschnitt des Erdmittelalters, der vor 248 Millionen Jahren begann und vor 213 Millionen Jahren endete.

Wirbeltiere sind alle Tiere, die eine aus Wirbeln zusammengesetzte Wirbelsäule besitzen. Zu den Wirbeltieren gehören die Säugetiere, Vögel, Reptilien, Amphibien, Fische und natürlich die Dinosaurier.

Saurier von A bis Z

Allosaurus („andere Echse")
Gruppe: Theropoda
Zeit: später Jura
Fundort: Nordamerika
(Colorado, Utah, Wyoming)
Merkmale: Allosaurus war ein auf den Hinterbeinen laufender Fleischfresser mit kurzen Armen. Er wurde 12 Meter lang.
(Abbildung s. S. 36)

Ankylosaurier
Ankylosaurier sind die Panzer-Dinosaurier, also alle Dinosaurier, deren Körper auf dem Rücken und an den Seiten dicht mit flachen oder dorntragenden Knochenplatten bedeckt war.

Ankylosaurus („gekrümmte Echse")
Gruppe: Ankylosaurier
Zeit: späte Kreide
Fundort: Nordamerika
(Alberta, Montana)
Merkmale: Ankylosaurus war ein schwer gepanzerter Saurier, der bis zu 10 Meter lang werden konnte. Er war wohl zu schwer und zu langsam, um vor Raubsauriern davonzulaufen, war aber durch die Knochenplatten in seiner Haut und durch die Hörner an seinem Körper gut geschützt. Er verteidigte sich mit einem keulenbewehrten Schwanz.
(Abbildung s. S. 51)

Apatosaurus („trügerische Echse")
Gruppe: Sauropoda
Zeit: früher Jura
Fundort: Nordamerika (Colorado, Oklahoma, Utah, Wyoming)
Merkmale: Apatosaurus war früher ebenfalls unter dem Namen Brontosaurus („Donnerechse") bekannt, da ForscherInnen lange Zeit die Knochen zwei verschiedenen Dinosaurier-Arten zuordneten. (Abbildung s. S. 35)

Archaeopteryx („alte Feder")
Gruppe: Vögel
Zeit: später Jura
Fundort: Europa (Deutschland)
Merkmale: Archaeopteryx zählt zwar schon zu den Vögeln, aber seine Zähne, Hände, Beine und sein Schädel weisen auf eine enge Verwandtschaft zu den Theropoden. Er gilt allerdings nicht als der Urahn der heutigen Vögel, sondern stammte wahrscheinlich aus einer Seitenlinie, die später vollständig ausstarb. Heute ist immer noch umstritten, ob Archaeopteryx sich aus dem Laufen heraus in die Luft schwang oder ob er Bäume erkletterte und ein reiner Gleitflieger war.
(Abbildung s. S. 119)

Baryonyx („schwere Kralle")
Gruppe: Theropoda
Zeit: frühe Kreide
Fundort: Europa (England)
Merkmale: Von Baryonyx fanden ForscherInnen bislang nur ein Skelett. Er war ein etwa zehn Meter langer Raubsaurier, der sich vermutlich von Fischen und Aas ernährte. Auffällig ist der Kiefer, der dem eines Krokodils ähnelte. Seine mächtige Daumenkralle, mit der er wie ein Grizzlybär Fische aus Flüssen angelte, könnte 35 Zentimeter lang gewesen sein.
(Abbildung s. S. 55)

Brachiosaurus („Armechse")
Gruppe: Sauropoda
Zeit: später Jura
Fundort: Nordamerika (Colorado) und Afrika (Tansania, Algerien)
Merkmale: Brachiosaurus unterschied sich von den anderen Sauropoden in mehreren Merkmalen. Zum einen waren seine Vorderbeine länger als die Hinterbeine, so dass der höchste Punkt seines Körpers über den Schultern lag. Bei den meisten anderen Sauropoden lag der höchste Punkt über den längeren Hinterbeinen. Zum anderen war sein Schwanz relativ kurz. Seine Nasenöffnung befand sich oben am Schädel, was die charakteristische Kopfform erklärt.
(Abbildung s. S. 54)

Brontosaurus („Donnerechse")
siehe Apatosaurus

Ceratopsier
Ceratopsier sind die Hornsaurier. Alle Dinosaurier, die zu dieser Gruppe gehörten, besaßen Hörner über dem typischen Papageienschnabel oder über den Augen sowie einen knöchernen Nackenschild.

Coelophysis („hohle Gestalt")
Gruppe: Theropoda
Zeit: späte Trias
Fundort: Nordamerika (Connecticut, New Mexico)
Merkmale: Coelophysis war ein schlanker Raubsaurier mit leichtem Körperbau, der in mancher Hinsicht an einen Vogel erinnert. Er verfolgte im Jagdrudel seine Beute auf kräftigen Beinen über weite Strecken hinweg. Hals und Schwanz hielt er dabei gerade gestreckt. Coelophysis konnte bis zu drei Meter lang werden und wog etwa 30 Kilogramm.
(Abbildung s. S. 134/135)

Compsognathus („hübscher Kiefer")
Gruppe: Theropoda
Zeit: später Jura
Fundort: Europa (Deutschland, Frankreich)
Merkmale: Compsognathus ist der kleinste bekannte Saurier. Seine Knochen ähneln denen von Archaeopteryx so sehr, dass ForscherInnen einige Archaeopteryx-Fossilien für die von Compsognathus hielten, bis sie bei späteren Untersuchungen Abdrücke von Federn bemerkten.
(Abbildung s. S. 55)

Deinonychus („schreckliche Hand")
Gruppe: Theropoda
Zeit: frühe Kreide
Fundort: Nordamerika (Montana, Wyoming)
Merkmale: Deinonychus war ein äußerst wendiger, etwa drei Meter langer Raubsaurier, der mit einer gewaltigen Sichelkralle am Fuß, kräftigen Klauen an den Händen und dolchartigen Zähnen bewaffnet war. PaläontologInnen vermuten, dass er in Rudeln jagte. So konnten die Raubsaurier Beutetiere erlegen, die drei- bis viermal größer waren als sie selbst.
(Abbildung s. S. 48/49)

Diplodocus („Doppelbalken")
Gruppe: Sauropoda
Zeit: später Jura
Fundort: Nordamerika (Colorado, Utah, Wyoming)
Merkmale: Der Schwanz machte etwa die Hälfte der Körperlänge von Diplodocus aus. Manche ForscherInnen vermuten, dass Diplodocus sich auf seinem Schwanz abstützte, wenn er sich auf den Hinterbeinen aufrichtete, um an seine Nahrung in den Baumwipfeln zu gelangen. Dafür spricht die Form der Schwanzwirbel, die anscheinend verhinderte, dass die Blutgefäße im Schwanz beim Abstützen gequetscht wurden. (Abbildung s. S. 39)

Dromiceiomimus („Emu-Nachahmer")
Gruppe: Theropoda
Zeit: späte Kreide
Fundort: Nordamerika (Alberta)
Merkmale: Dromiceiomimus war etwa über drei Meter lang und ein schneller Läufer. Vielleicht war er ein Allesfresser.

Edmontosaurus („Echse aus Edmonton")
Gruppe: Ornithopoda
Zeit: späte Kreide
Fundort: Nordamerika (Alberta, Saskatchewan, Alaska, Colorado, North und South Dakota, Wyoming)
Merkmale: Edmontosaurus zeichnete sich besonders durch seine Zähne aus. Die großen selbstschärfenden Zähne saßen dicht beieinander in Reihen von drei bis fünf Zähnen. Die Zähne bildeten so eine große Kaufläche. Im Magen eines Edmontosaurus fanden PaläontologInnen noch teilweise unverdaute Samen, Früchte, Zweige und Kiefernnadeln. Edmontosaurus war bis zu 13 Metern lang und konnte sowohl auf zwei als auch auf vier Beinen laufen. (Abbildung s. S. 56)

Elephantopoides barkhausenensis („elefantenfußartig")
Gruppe: Sauropoda
Zeit: Jura
Fundort: Europa (Deutschland)
Merkmale: Elephantopoides erreichte vermutlich eine Länge von 13 Metern.

Entenschnabelsaurier
siehe Hadrosaurier

Euoplocephalus
(„gut gepanzerter Kopf")
Gruppe: Ankylosaurier
Zeit: späte Kreide
Fundort: Nordamerika (Alberta, Montana)
Merkmale: Der Schädel von Euoplocephalus war mit schützenden Knochenplatten überzogen; sogar seine Augen waren durch aus Knochen bestehende Lider geschützt. Auch der Rest des Körpers war schwer gepanzert; dennoch war Euoplocephalus recht flink.

Flugsaurier siehe Pterosaurier

Giganotosaurus
Gruppe: Theropoda
Zeit: späte Kreide
Fundort: Südamerika (Patagonien)
Merkmale: Giganotosaurus erreichte vermutlich ein Gewicht von sechs bis acht Tonnen; seine Lebensweise glich der von Tyrannosaurus.

Hadrosaurier („Entenschnabelsaurier")
Die Hadrosaurier gehören zu den Ornithopoden.

Halticosaurus („festhaltende Echse")
Gruppe: Theropoda
Zeit: späte Trias
Fundort: Europa (Deutschland, eventuell Frankreich)
Merkmale: Halticosaurus war ein recht ursprünglicher Raubsaurier. Er erreichte eine Länge von über fünf Metern.

Horndinosaurier siehe Ceratopsier

Ichthyosaurier („Fischechse")
Ichthyosaurier waren lebend gebärende und luftatmende Verwandte der Reptilien, die an das Leben im Wasser bestens angepasst waren. Sie waren während des ganzen Erdmittelalters in allen Weltmeeren verbreitet. Ihre Körperform ähnelte der von Delfinen. Der größte Ichthyosaurier war Shonisaurus mit einer Körperlänge von 15 Metern. Ichthyosaurier sind keine Dinosaurier. (Abbildung s. S. 15)

Iguanodon („Leguanzahn")
Gruppe: Ornithopoda
Zeit: frühe Kreide
Fundort: Europa (England, Belgien, Deutschland, Spanien), Nordamerika (South Dakota)
Merkmale: Iguanodon war ein sehr häufiger, etwa neun Meter langer und mehr als vier Tonnen schwerer Pflanzenfresser. Zwischen 1878 und 1881 fanden ForscherInnen in einer belgischen Kohlengrube bei Bernissart 31 Iguanodon-Skelette. Es waren also wohl Herdentiere. Kennzeichnend für Iguanodon sind seine Hände: Jede Hand besaß einen mit einem langen Dorn bewehrten Daumen, drei hufähnliche Finger und einen Greiffinger. (Abbildung s. S. 10)

Lambeosaurus („Lambes Echse")
Gruppe: Ornithopoda (Hadrosaurier)
Zeit: späte Kreide
Fundort: Nordamerika (Alberta, Montana; Mexiko)
Merkmale: Lambeosaurus besaß einen beilförmigen Knochenkamm auf dem Schädel. Er konnte eine Länge von 15 Metern erreichen. Wahrscheinlich lebte Lambeosaurus in Herden, die an der westlichen Küste des damaligen nordamerikanischen Binnenmeeres entlang zogen, um dem jahreszeitlich wechselnden Nahrungsangebot zu folgen. (Abbildung s. S. 52)

Maiasaura („Gute-Mutter-Echse")
Gruppe: Ornithopoda
Zeit: späte Kreide
Fundort: Nordamerika (Montana)
Merkmale: Maiasaura war ein etwa neun Meter langer Pflanzenfresser, der auf zwei und auf vier Beinen laufen konnte. PaläontologInnen vermuten, dass Maiasaura in riesigen Herden von bis zu 10.000 Tieren durch das Land zogen, aber jährlich wieder die gleichen Brutplätze aufsuchten. (Abbildung s. S. 71)

Mamenchisaurus („Echse vom Mamen-Bach")
Gruppe: Sauropoda
Zeit: später Jura
Fundort: China (Gansu, Szetschuan, Sinkiang)
Merkmale: Mamenchisaurus besaß von allen Dinosauriern den längsten Hals und auch die meisten Halswirbel. Trotzdem war der Hals verhältnismäßig leicht, denn die Halswirbelknochen waren an manchen Stellen nicht dicker als eine Eierschale. (Abbildung s. S. 54)

Meeressaurier
siehe Ichthyosaurier und Plesiosaurier

Megalosaurus („Riesenechse")
Gruppe: Theropoda
Zeit: mittlerer Jura
Fundort: Europa (England, Deutschland)
Merkmale: Megalosaurus war ein bis zu neun Meter langer Raubsaurier, den Dean William Buckland bereits 1824 als ersten Dinosaurier beschrieb. ForscherInnen ordneten Megalosaurus viele Theropoden-Knochen zu, deren Identität unklar war. Es dauerte etwa 100 Jahren, bis alle Irrtümer ausgeräumt waren. (Abbildung s. S. 10)

Ohmdenosaurus („Ohmdens Echse")
Gruppe: Sauropoda
Zeit: früher Jura
Fundort: Europa (Deutschland)
Merkmale: Ohmdenosaurus war ein primitiver Pflanzen fressender „Langhals", der aber nur etwa vier Meter lang wurde.

Ornithischia („Vogelbeckensaurier")
Die Ornithischier umfassen die Ornithopoden, die Ankylosaurier, die Pachyce-

phalosaurier, die Stegosaurier und die Ceratopsier. Ihnen allen gemeinsam ist eine Form der Beckenknochen, die der der Vögel ähnelt.

Ornithomimus („Vogelnachahmer")
Gruppe: Theropode
Zeit: späte Kreide
Fundort: Nordamerika (Colorado, Montana)
Merkmale: Ornithomimus ähnelte dem Vogel Strauß. Er war bis zu 3,5 Meter lang und vermutlich ein Allesfresser.

Ornithopoden
Zu den Ornithopoden, den Vogelfuß-Dinosauriern, gehören ausschließlich Pflanzenfresser. Verschiedene Arten lebten im Jura und in der Kreide.

Oviraptor („Eierdieb")
Gruppe: Theropoda
Zeit: späte Kreide
Fundort: Asien (Mongolei)
Merkmale: Als ForscherInnen Anfang 1920 bei Ausgrabungen in der Wüste Gobi ein Skelett dieses Dinosauriers auf einem Nest mit Eiern fanden, die denen eines Ceratopsiers ähnelten, schien ihnen klar, dass sie einen Räuber bei seiner Mahlzeit erwischt hatten. Er bekam den Namen „Eierdieb". Erst 1990 stellte sich heraus, dass Oviraptor auf seinem eigenen Gelege saß; wahrscheinlich brütete er, als ihn der Tod ereilte. Das schließt nicht aus, dass sich Oviraptor wirklich von Eiern ernährte. (Abbildung s. S. 11)

Pachycephalosaurier
Die Pachycephalosaurier oder Dickkopfechsen lebten in der späten Kreidezeit. Sie zeichneten sich durch eine stark verdickte Schädeldecke aus, an der manchmal Knochenauswüchse oder kleine Halskrausen saßen. (Abbildung s. S. 51)

Pachycephalosaurus
(„Dickschädelechse")
Gruppe: Pachycephalosaurier
Zeit: späte Kreide
Fundort: Nordamerika (Montana, South Dakota, Wyoming)
Merkmale: Pachycephalosaurus war mit fast fünf Metern Länge der größte der Pachycephalosaurier. ForscherInnen fanden von ihm nur einen einzigen Schädel und mehrere Schädelfragmente; seine Größe und seinen Körperbau schlossen sie aus Vergleichen mit anderen, besser belegten Pachycephalosauriern.
(Abbildung s. S. 66)

Parasaurolophus
(„Neben dem Saurolophus")
Gruppe: Ornithopoda
Zeit: späte Kreide
Fundort: Nordamerika, Asien (Mongolei)
Merkmale: Parasaurolophus war ein etwa zehn Meter langer Pflanzenfresser, der auf zwei und auf vier Beinen laufen konnte. Der Knochenkamm auf seinem Schädel, mit dem er posaunenartige Töne von sich gab, konnte bis zu 1,80 Meter lang werden.
(Abbildung s. S. 134/135)

Plateosaurus („platte Echse")
Gruppe: Vorläufer der Sauropoda
Zeit: späte Trias
Fundort: Europa (Deutschland, Frankreich, Schweiz)
Merkmale: Mit einer Länge von „nur" sechs bis acht Metern gehört Plateosaurus wahrscheinlich zu den Vorfahren der riesigen Sauropoden. Allerdings glichen seine Beine nicht den säulenartigen Beinen der Sauropoden, sondern besaßen noch ausgeprägte Zehen und Finger.
(Abbildung s. S. 117)

Plesiosaurier
("nahe verwandt mit der Echse")
Plesiosaurier waren Meeressaurier mit einem plumpen, kräftigen Körper. Die Arme und Beine waren zu Flossen umgewandelt, der Hals war meist sehr lang und trug einen kleinen Kopf. Plesiosaurier existierten während des ganzen Erdmittelalters.
(Abbildung s. S. 31)

Procompsognathus
("vor Compsognathus")
Gruppe: Theropoda
Zeit: späte Trias
Fundort: Europa (Deutschland)
Merkmale: Procompsognathus war ein kleiner (1,2 Meter lang), zweibeiniger Fleischfresser.

PARASAUROLOPHUS

Protoceratops („erstes Horngesicht")
Gruppe: Ceratopsier
Zeit: späte Kreide
Fundort: Asien (Mongolei)
Merkmale: Protoceratops erreichte eine Länge von fast zwei Metern und wog etwa 180 Kilogramm. Fossile Nester, Eier und Jungtiere dieses Sauriers lieferten in den zwanziger Jahren des 20. Jahrhunderts denersten Beweis, dass Dinosaurier sozial lebende Tiere waren.

COELOPHYSIS

PROTOCERATOPS

Pterosaurier
Pterosaurier waren Flugsaurier; sie gehörten weder zu den Dinosauriern noch zu den Vögeln. Die Flügel der Flugsaurier bestanden aus fester Haut, die zwischen dem extrem verlängerten vierten Finger und dem Oberschenkel aufgespannt war. Sie lebten während des ganzen Erdmittelalters.

Quetzalcoatlus
(benannt nach dem aztekischen geflügelten Schlangengott Quetzalcoatl)
Gruppe: Pterosaurier
Zeit: späte Kreide
Fundort: Nordamerika (Texas)
Merkmale: Quetzalcoatlus hatte außergewöhnlich lange und schmale Flügel. Im Gegensatz zu seinen meeres- oder küstenbewohnenden Verwandten lebte er im Inland und nutzte für seine Gleitflüge die dort aufsteigende Warmluft.
(Abbildung s. S. 30)

Rotundichnus muenchehagensis
Gruppe: Sauropoda
Zeit: frühe Kreide
Fundort: Europa (Deutschland)
Merkmale: Von Rotundichnus sind nur Fußabdrücke bekannt.

Saltasaurus („Echse aus Salta")
Gruppe: Sauropoda
Zeit: späte Kreide
Fundort: Südamerika (Argentinien, Uruguay)
Merkmale: Bevor argentinische PaläontologInnen erkannten, dass Saltasaurus zu den Sauropoden gehörte, war er den Ankylosauriern zugeordnet worden, da er über eine dichte Rückenpanzerung aus Knochenplatten und -buckeln verfügte. Saltasaurus konnte eine Länge von zwölf Metern erreichen.

Saurischia („Echsenbeckensaurier")
Zu den Saurischiern gehören die Sauropoden und die Theropoden. Beide Gruppen zeichnen sich durch Beckenknochen aus, die in der Form denen von Echsen gleichen.

Sauropoda („Echsenfüßer")
Zu den Sauropoden gehörten alle vierfüßigen, Pflanzen fressenden Dinosaurier mit langen Hälsen und Schwänzen, kleinen Köpfen und säulenartigen Beinen. Sie lebten während dem Jura und der Kreidezeit.

Seismosaurus („Erdbebenechse")
Gruppe: Sauropoda
Zeit: später Jura
Fundort: Nordamerika (New Mexico)
Merkmale: Seismosaurus war vielleicht der größte Dinosaurier. Manche ForscherInnen vermuten, dass er bis zu 40 Meter lang war. PaläontologInnen konnten jedoch bis jetzt kein vollständiges Skelett finden.

Stegosaurier
Zu den Stegosauriern gehören mittelgroße bis große Pflanzenfresser, die auf dem Rücken in einer Doppelreihe Knochenplatten oder lange Dornen trugen. Bis auf eine Ausnahme aus der späten Kreide lebten alle Stegosaurier im Jura.

Stegosaurus („Dachechse")
Gruppe: Stegosaurier
Zeit: später Jura
Fundort: Nordamerika (Colorado, Utah, Wyoming)
Merkmale: Dieser bis zu neun Meter lange und zwei Tonnen schwere Pflanzenfresser zog durch die bewaldeten Ebenen und fraß niedrig wachsende Vegetation. Stegosaurus hatte eine spitze Schnauze, mit der er wahrscheinlich gezielt einzelne

Blätter oder Pflanzen abreißen konnte. (Abbildung s. S. 51)

Stenopelix („enger Helm")
Gruppe: vielleicht Pachycephalosaurier oder Ceratopsier
Zeit: frühe Kreide
Fundort: Europa (Deutschland)
Merkmale: Stenopelix war wahrscheinlich Pflanzenfresser und lief wohl auf zwei Beinen.

Struthiomimus („Straußnachahmer")
Gruppe: Theropoda
Zeit: späte Kreide
Fundort: Nordamerika (Alberta)
Merkmale: Struthiomimus glich in Gestalt und Größe einem Strauß und er lief wahrscheinlich ebenso schnell. Er fraß vermutlich Früchte, Pflanzen, Insekten und kleine Tiere.

Theropoda („Raubtierfüßige")
Die Theropoden umfassen alle Fleisch fressenden Dinosaurier mit einem Echsenähnlichen Becken. Wahrscheinlich sind Vögel die direkten Nachfahren der Theropoden.

Triceratops („Dreihorngesicht")
Gruppe: Ceratopsier
Zeit: späte Kreide
Fundort: Nordamerika (Alberta, Saskatchewan, Montana, North und South Dakota, Wyoming)
Merkmale: Triceratops erreichte eine Länge von neun Metern und ein Gewicht von etwa fünf Tonnen. Der Schädel von Triceratops wog etwa 50 Kilogramm; das Tier besaß deshalb eine starke Nackenmuskulatur. Wahrscheinlich weidete er die Vegetation in Bodennähe ab.
(Abbildung s. S. 51)

Troodon („verwundender Zahn")
Gruppe: Theropoda
Zeit: späte Kreide
Fundort: Asien (Mongolei)
Merkmale: Troodon war ein flinker, mit zwei Metern Länge recht kleiner Raubsaurier mit einem großen Gehirn und großen, teilweise nach vorn blickenden Augen, so dass ihm räumliches Sehen möglich gewesen sein muss. (Abbildung s. S. 92)

Tyrannosaurus („Tyrannenechse", „rex" bedeutet „König")
Gruppe: Theropoda
Zeit: späte Kreide
Fundort: Nordamerika (Alberta, Saskatchewan, Colorado, Montana, New Mexiko, South Dakota, Wyoming)
Merkmale: Tyrannosaurus war einer der größten Raubsaurier; er erreichte eine Länge von zwölf Metern und ein Gewicht von über sechs Tonnen. Seine Zähne waren gefährliche Waffen, die ständig nachwuchsen. (Abbildung s. S. 36)

Ultrasaurus („Überechse")
Gruppe: Sauropoda
Zeit: später Jura
Fundort: Nordamerika (Colorado)
Merkmale: Ultrasaurus ähnelte Brachiosaurus, erreichte aber wahrscheinlich eine Länge von 27 bis 30 Metern. Seine Beine hätten dann die Länge einer Giraffe gehabt. Der bislang größte gefundene Dinsaurier-Knochen ist ein Schulterblatt von Ultrasaurus mit einer Länge von 2,7 Metern.

Velociraptor („schneller Plünderer")
Gruppe: Theropoda
Zeit: späte Kreide
Fundort: Asien (China, Mongolei)
Merkmale: Velociraptor war ein aggressiver Raubsaurier, der knapp zwei Meter lang wurde. (Abbildung s. S. 11)

Register

Basteleien und Dekorationen

Biene und Blume 28
Blumen-Teelichter 106

Decken-Dschungel
　und Fenster-Urwald 105
Dino-Bausatz 64
Dino-Brettspiel 82
Dino-Köpfe 60
Dino-Figuren aus Papiermaché . . . 60
Dino-Figuren aus Salzteig 59
Dino-Figuren aus selbst
　gemachter Knete 59
Dino-Landschaft 25
Dino-Landschaft im Karton 26
Dino-Suche 44
Dino-Tischsets 110
Dinosaurier-Buch 65
Dinosaurier-Eier 98

Einladungs-Eier 105

Fehlerbild 21
Flugsaurier 30
Foto-Apparat 99
Fußspuren-Geschichte 97

Klitzekleines Ausmalbuch 108
Knochen-Kiste 105
Knochen präparieren 98

Langhals und Peitschenschwanz . . . 44
Luftballon-Langhals 106

Meeresgrund 32
Monster-Füße 110

Namensschilder 108

Palmen und Palmfarne 107
Pangäa-Puzzle 23

Plesiosaurus 31
Preistüten 108

Riesen-Knochen 39

Servietten-Dinosaurier 107
Strohhalm-Flugsaurier 110
Süßigkeiten-Farn 106

Tyranno-Fraß 43

Versteinerter Dino-Kot 97

Zeit-Tafel 27
Zimmer-Urwald 29

Spiele und Experimente

Apfel-Schnappen 67
Ascheregen 91
Ausgrabungs-Expedition 101
Aus welcher Richtung
　weht der Wind? 79

Biene und Blume 28

Das riecht gut! 28
Die Dinos waren da 22
Die Dinosaurier stellen sich vor . . . 12
Dino-Beine 40
Dino-Fangen 45
Dino-Quiz 68
Dino-Stimmen 80
Dino-Suche 44
Dinosaurier-Eier 98
Dinosaurier-Massage 62
Diplodocus 39

Eierdieb 76
Es war ein Dino klitzeklein 42

Fehlerbild 21
Fußspuren-Geschichte 97
Futtersuche 47

Gitternetz-Rätsel 100
Guten Tag, Frau Saurus 66

Hoch hinaus 40

Im Land der Riesen-Insekten 29

Käferjagd 44
Kamm-Zähne 91
Keulenschwänze 65
Knochen suchen 99
Krater werfen 88

Leben aus dem Schlamm 90
Leit-Dino 77
Lichtsuche 89

Misthaufen 75

Netz 46
Nistplatz-Suche 75

Pangäa-Puzzle 23
Pelztier hat Hunger 32
Plesiosaurus-Rennen 31
Puzzle-Suche 111

Rette sich, wer kann 102
Rummsköpfe 66

Saurier raten 65
Schokodon und Kichersaurus 101
Schützt das Junge 76
Siebter Sinn 79
Stampede 77
Stegosaurus 111
Stummelarme 67
Sturm im Wasserglas 88

Tyranno-Fraß 43
Tyranno-Stopp 46

Tyrannosaurus füttern 111
Tyrannosaurus, wie kommen
 wir durch die Wüste? 41

Urzeit-Musik 80

Velociraptor 78
Verfolgungsjagd 63
Vulkan 90

Wärme mich 67
Was huscht im Dunkeln? 78
Weg da! 81
Weißes Gras 90
Windflieger 32
Wir suchen Dino-Eier 111
Wir wachsen im Licht 90

Zähne 42
Zeit-Kette 22
Zeit-Schnur 22

Rezepte

Dino-Plätzchen 112

Herzhafte Fußspuren 113

Stegosaurus-Kuchen 112

Vulkan-Reis mit Lava 113

Die Autorin

Martina Kroth
ist seit ihrer Kindheit von Dinosauriern fasziniert. Schon den ersten Schul-Aufsatz schrieb sie über dieses Thema. Inzwischen teilt sie ihr Hobby mit zwei Töchtern, von denen eine auf jeden Fall „Dinosaurier-Ausgräberin" werden will, wenn sie groß ist.
Martina Kroth ist Biologin und Journalistin. Zur Zeit arbeitet sie als Autorin und Lektorin sowie als Dozentin in der Familienbildung; dort leitet sie unter anderem Waldspielgruppen und Natur-Bildungsurlaube. Den Dinosauriern ist sie auch beruflich noch treu und führt Dino-Kurse in Schulen, Kindergärten und Büchereien durch.

Kinder begeistern ...
mit Liedern, Tänzen und Geschichten aus dem Ökotopia Verlag

Michi Vogdt
Helau, Alaaf und gute Stimmung
Närrische Tanz- und Feierlieder zum Mitsingen und Austoben für kleine und große Jecken
Eine lustige Zusammenstellung für Karnevalspartys aller Art. Vom Mitmach-Marsch über Samba bis zum Alpen-Rap sind diese närrischen Songs eine echte Fundgrube.

ISBN (CD): 3-936286-32-9 · ISBN (Buch): 3-936286-31-0

Hartmut E. Höfele
Von Räubern, Dieben und Gendarmen
Wilde Lieder und Geschichten
Eine bunte Mischung aus pfiffigen Spottliedern, schelmischen Räuberballaden und „Mitgröhlliedern". Ein Hörspaß für alle, die gerne singen und musizieren.

ISBN (CD): 3-931902-98-6 · ISBN (Buch): 3-931902-97-8

Hartmut E. Höfele
Bei Zwergen, Elfen und Trollen
Fantastische Lieder, Tänze und Geschichten aus der Zauberwelt
Lieder über die geheimnisvollen Wesen der Anderswelt sind ebenso zu hören, wie Zauberreime und Geschichten über das Reich der Zwerge, Elfen und Trolle.

ISBN (CD): 3-936286-23-x · ISBN (Buch): 3-936286-22-1

Hartmut E. Höfele
Feuerwerk und Funkentanz
Stimmungsvolle Lieder, Tänze und Geschichten rund ums Thema Feuer
Die Titel animieren zum Mitsingen und sorgen beim gemeinschaftlichen Lagerfeuer für Stimmung.

ISBN (CD): 3-931902-86-2 · ISBN (Buch): 3-931902-85-4

Unmada Manfred Kindel, Gen Huitt, Ottis Simopiaref, ERDENKINDER
Hinter uns die Berge
Indianische Lieder und Tänze aus dem Kinderwald
Die kraftvollen Gesänge der Kinder, in Deutsch und den Originalsprachen gesungen, bringen uns vor allem die indianischen Kulturen näher.

ISBN (CD): 3-936286-06-X

ERDENKINDER KINDERWALDCHOR
Unmada M. Kindel
Wunderwasser
Starke Lieder und Tänze aus dem Kinderwald
Die Melodien und Rhythmen fordern auf zum Tanz, aber auch zum Träumen und Innehalten.

ISBN (CD): 3-931902-66-8 · ISBN (Buch): 3-931902-65-X

G. + F. Baumann

Mit Mammut nach Neandertal

Kinder spielen Steinzeit

ISBN: 3-925169-81-4

Martina Kroth

Schokodon & Kichersaurus

Kinder entdecken
spielerisch die Welt der Dinosaurier

ISBN: 3-931902-73-0

H.E.Höfele - S. Steffe

Der wilde Wilde Westen

Kinder spielen Abenteurer und Pioniere

ISBN (Buch):   3-931902-35-8
ISBN (CD):   3-931902-36-6

Kinder spielen Geschichte

Im KIGA, Hort, Grundschule, Orientierungsstufe, offene Kindergruppen, bei Festen und Spielnachmittagen

Die erfolgreiche Reihe aus dem Ökotopia Verlag

B. Schön

Wild und verwegen übers Meer

Kinder spielen Seefahrer und Piraten

ISBN (Buch):   3-931902-05-6
ISBN (CD):   3-931902-08-0

Hoffmann - Pieper

Das große Spectaculum

Kinder spielen Mittelalter

ISBN: 3-925169-78-4

Floerke + Schön

Markt, Musik und Mummenschanz

Stadtleben im Mittelalter

Das Mitmach-Buch zum Tanzen, Singen, Spielen, Schmökern, Basteln & Kochen

ISBN (Buch):   3-931902-43-9
ISBN (CD):   3-931902-44-7

Kinder erforschen die Welt

Sabine Hirler

Hämmern, Tippen, Feuerlöschen

Mit-Spiel-Aktionen, Geschichten, Lieder und Tänze rund um die Berufswelt

ISBN (Buch): 3-931902-69-2
ISBN (CD): 3-931902-70-6

M. Kalff + B. Laux

Sonne, Mond und Sternenkinder

Mit der Mondmaus in Spielen, liedern und Geschichten die Phänomene des Himmels erforschen

ISBN (Buch): 3-931902-71-4
ISBN (CD): 3-931902-72-2

A. Neumann u.a.

Waldfühlungen

Das ganze Jahr den Wald erleben – Naturführungen, Aktivitäten und Geschichtenfibel

ISBN: 3-931902-42-0

Kathrin Sandhoff u.a.

Mit Kindern in den Wald

Wald-Erlebnis-Handbuch
Planung, Organisation und Gestaltung

ISBN: 3-931902-25-0

C. + R. Seeger

Naturnahe Spiel- und Begegnungsräume

Handbuch für Planung und Gestaltung

ISBN : 3-931902-75-7

H. Bücken + H. Baum

Kiesel-Schotter-Hinkelstein

Geschichten und Spiele rund um Steine

ISBN: 3-925169-77-6

G. + F. Baumann
Alea iacta est
Kinder spielen Römer
ISBN: 3-9321902-24-2

J. Sommer
Oxmox ox Mollox
Kinder spielen Indianer
ISBN: 3-925169-43-1

P. Heilmann + I. Hoffmann
MEK MESU KEMET
Kinder spielen das alte Ägypten
ISBN (Buch): 3-931902-49-8

Im KIGA, Hort, Grundschule, Orientierungsstufe, offene Kindergruppen, bei Festen und Spielnachmittagen

Auf den Spuren fremder Kulturen

Die erfolgreiche Reihe aus dem Ökotopia Verlag

Miriam Schultze
Didgeridoo und Känguru
Eine spielerische Reise durch Australien

ISBN (Buch): 3-931902-67-6
ISBN (CD): 3-931902-68-4

P. Budde + J. Kronfli
Fliegende Feder
Indianische Kultur in Spielen, Liedern, Tänzen und Geschichten

Box incl. CD   3-931902-26-9
CD   3-931902-23-4
Indianerpuppe Avyleni 3-931902-27-7

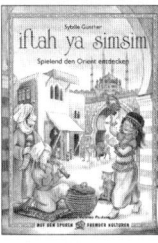

Sybille Günther
iftah ya simsim
Spielend den Orient entdecken

ISBN (Buch): 3-931902-46-3
ISBN (CD):   3-931902-47-1

H.E. Höfele, S. Steffe
In 80 Tönen um die Welt
Eine musikalisch-multi-kulturelle Erlebnisreise für Kinder mit Liedern, Tänzen, Spielen, Basteleien und Geschichten

ISBN (Buch): 3-931902-61-7
ISBN (CD):   3-931902-62-5

Gudrun Schreiber, Chen Xuan
Zhongguo ...ab durch die Mitte
Spielend China entdecken

ISBN: 3-931902-39-0

D. Both, B. Bingel
Was glaubst du denn?
Eine spielerische Erlebnisreise für Kinder durch die Welt der Religionen

ISBN: 3-931902-57-9

M. Rosenbaum - A. Lührmann-Sellmeyer
PRIWJET ROSSIJA
Spielend Rußland entdecken

ISBN: 3-931902-33-1

G. Schreiber - P. Heilmann
Karibuni Watoto
Spielend Afrika entdecken

ISBN (Buch): 3-931902-11-0
ISBN (CD):   3-931902-12-9

Miriam Schultze
Sag mir wo der Pfeffer wächst
Spielend fremde Völker entdecken

Eine ethnologische Erlebnisreise für Kinder

ISBN: 3-931902-15-3

Der Fachverlag für gruppen- und spielpädagogische Materialien

Ökotopia Verlag und Versand

Fordern Sie unser kostenloses Programm an:

Ökotopia Verlag
Hafenweg 26a · D-48155 Münster
Tel.: (02 51) 48 19 80 · Fax: 4 81 98 29
E-Mail: info@oekotopia-verlag.de

Besuchen Sie unsere Homepage! Genießen Sie dort unsere Hörproben!

http://www.oekotopia-verlag.de
und www.weltmusik-fuer-kinder.de

Das Zauberlicht
Spiele, Aktionen und Theater mit Schwarzlicht für Kinder

ISBN: 3-931902-50-1

Von Räubern, Dieben und Gendarmen
Abenteuerliche Spiele, Geschichten, Basteleien und Lieder rund um das wilde Räuberleben

ISBN (Buch): 3-931902-97-8
ISBN (CD): 3-931902-98-6

Abenteuer Medienwelt
Vom Zeichenbrett zum Internet – neue und bekannte mediale Spielräume entdecken, verstehen lernen und kreativ gestalten

ISBN: 3-931902-93-5

Feuerwerk & Funkentanz
Zündende Ideen: Spiele, Lieder und Tänze, Experimente, Geschichten und Bräuche rund ums Feuer

ISBN (Buch): 3-931902-85-4
ISBN (CD): 3-931902-86-2

Wilde Spiele
Spiele, Spaß und Abenteuer für tobelustige und verwegene Gruppen

ISBN: 3-925169-80-6

Abenteuer leiten – in Abenteuern lernen
Methodenset zur Planung und Leitung kooperativer Lerngemeinschaften für Training und Teamentwicklung in Schule, Jugendarbeit und Betrieb

ISBN: 3-931902-53-6

Bewegte Spiele für die Gruppe
Neue Spiele für Alt und Jung, für drinnen und draußen, für kleine und große Gruppen – für alle Gelegenheiten

ISBN: 3-931902-74-9

Leiten, präsentieren, moderieren
Lebendig und kreativ
Arbeits- und Methodenbuch für Teamentwicklung und qualifizierte Aus- und Weiterbildung

ISBN: 3-931902-20-X

Der geflügelte Bleistift
Jede Menge Spielideen und Aktionen rund um Schreiben, Lesen und Literatur

ISBN: 3-931902-51-X

Tüfteln, Grübeln, Ideen schmieden
Kinder erleben in kreativen Aktivitäten die spannende Welt der erfindungen

ISBN: 3-936286-34-5

Kinder treffen Mona Lisa
Die Kunst großer Meister der Renaissance spielerisch erleben

ISBN: 3-93628-43-4

Wir verstehen uns gut
Methoden und Bausteine zur Sprachförderung für deutsche und zugewanderte Kinder

ISBN: 3-931902-76-5

Der Fachverlag für gruppen- und spielpädagogische Materialien

Ökotopia Verlag und Versand

Fordern Sie unser kostenloses Programm an:

Ökotopia Verlag
Hafenweg 26a · D-48155 Münster
Tel.: (02 51) 48 19 80 · Fax: 4 81 98 29
E-Mail: info@oekotopia-verlag.de

Besuchen Sie unsere Homepage! Genießen Sie dort unsere Hörproben!

http://www.oekotopia-verlag.de
und www.weltmusik-fuer-kinder.de

Inseln der Entspannung
Kinder kommen zur Ruhe mit 77 phantasievollen Entspannungsspielen

ISBN: 3-931902-18-8

Voll Sinnen spielen
Wahrnehmungs- und Spielräume für Kinder ab 4 Jahren

ISBN: 3-931902-34-X

Toben, raufen, Kräfte messen
Ideen, Konzepte und viele Spiele zum Umgang mit Aggressionen

ISBN: 3-931902-41-2

Auf dem Blocksberg tanzt die Hex'
Spiele, Geschichten und Gestaltungsideen für kleine und große Hexen

ISBN: 3-931902-19-6

Eltern-Turnen mit den Kleinsten
Anleitungen und Anregungen zur Bewegungsförderung mit Kindern von 1-4 Jahren

ISBN: 3-925169-89-X

Wi-Wa-Wunderkiste
Mit dem Rollreifen auf den Krabbelberg – Spiel- und Bewegungsanimation für Kinder ab einem Jahr
Mit einfachen Materialien zum Selberbauen

ISBN: 3-925169-85-7

Von Kindern selbstgemacht
Allererstes Basteln mit Lust, Spiel und Spaß im Kindergarten und zu Hause

ISBN: 3-931902-84-6

Große Kunst in Kinderhand
Farben und Formen großer Meister spielerisch mit allen Sinnen erleben

ISBN: 3-931902-56-0

Kunst & Krempel
Fantastische Ideen für kreatives Gestalten mit Kindern, Jugendlichen und Erwachsenen

ISBN: 3-931902-14-5

Moneten, Kohle, Kies und Schotter
Kinder begreifen die Welt der Wirtschaft durch kindgerechte Informationen, spannende Geschichten, Spiele, Bastelanregungen und Aktionsvorschläge

ISBN: 3-931902-99-4

Wunderwasser Singen kann doch jeder
Lieder, Tänze, Spiele und Geschichten aus dem Kinderwald

ISBN (Buch): 3-931902-65-X
ISBN (CD): 3-931902-66-8

Sonne, Mond und Sternenkinder
Mit der Mondmaus in Spielen, Liedern und Geschichten die Phänomene des Himmels erforschen
ISBN: 3-931902-71-4

und dazu der Tonträger
ISBN (CD): 3-931902-72-2